鏡リュウジの夢占い

Oneiromancy

鏡リュウジの
占い入門
5

RYUJI KAGAMI
鏡リュウジ

はじめに ～夢は不可解な他者であり、大切なメッセンジャー

人が夢を見るようになったのはいつのころからでしょうか。

動物も、もしかしたら植物やアメーバも夢を見たりするのでしょうか？　いえいえ、もしかしたら、石も、ひょっとしたら、東京やロンドンといったような都市も夢を見ているのかもしれない、なんて想像は広がっていきます。

夢は不思議です。夢は自分の意識の経験であるにもかかわらず、自分ではコントロールできません。

今、うっかり夢は自分の「意識」の経験であると書いてしまいましたが、これは後でも触れるように近代人の考え方です。夢は自分ではコントロールできないのですから、それはほかの世界で起こっているものなのではないか、神々からのメッセージなのではないか、あるいは魂が肉体から抜け出して霊的な世界を垣間見ている経験なのではないか、といったふうに考えていたのが古代人なのです。

現代の精神分析や深層心理学は、夢は「深い無意識」で生まれるものだと考えて

一種「科学的」な装いをしていますが、考えてみれば、「無意識」というのは昼間の意識からすると完全に見ることはできないものなのですから、事実上ブラックボックス。それを彼岸の世界といっても大した違いはないのではないかとさえ思います。

とはいえ、最近の脳科学などの発達によって夢のメカニズムには、より科学的なメスが入れられるようになってきました。夢がどのように生まれるのか、解明されるのもそう遠い日ではないのかもしれません。

しかし、もしそうなっても夢が自律的に性質をもっているのは変わりません。意識にとっては夢はいつまでも、もっとも身近で、しかし、もっとも不可解な他者であり、大切なメッセンジャーであり続けることでしょう。

その夢のメッセージを読み解くには、無数のアプローチがあります。

そのアプローチは現代では大きく分けると二つに分類できるでしょう。

一つは、古代からの伝承に基づくもの。わかりやすいところでは、初夢で「一富士、二鷹、三なすび」が吉夢だとされるのに代表されるようなものです。いわゆる「夢占い」がここに含まれます。

もう一つは深層心理学や精神分析に基づく夢の解釈で、夢を心理現象と捉えて個々人の連想をもとに分析していきます。

しかし、この二つも夢解釈の歴史を研究したザントナーらがいうように、案外、重なり合う部分もあります。本書では、夢占いの伝承を調べ、また、ときにはユング派の考え方なども参照しながら、夢占いの解釈を作ってみました。しかし、夢はあくまでも個別な、あなただけの経験であり、あなただけの意味をもっています。ここにあげてあるのはあくまでも一つのヒント。自分で夢に向き合ってゆっくりと夢との対話をお楽しみください。

それでは。よい夢を。おやすみなさい。

鏡リュウジ

鏡リュウジの占い入門 5

鏡リュウジの夢占い

目次

1

夢の読み解き

夢が私たちに届けてくれる
さまざまなメッセージを
よりうまくキャッチするには
どうしたらいいのか……？
そのためのコツをお伝えします。

①夢からのメッセージを受け取る方法

夢を「意識」するとどんどん夢を見るようになる

よく「自分は夢を見ない」という人がいますが、実際、人間は、睡眠時間のかなりの間は夢を見ていると言われています。ですから、それは単に「覚えていない」だけの場合がほとんど。そういう人は、夢の存在をあまり意識していないのではないでしょうか。そういう人でも、夢の存在を意識するようになるだけで、急に夢を見るようになったり、見た夢を鮮明に覚えているようになるものです。

ですからまずはぜひ〝夢〟に関心を持つことから始めましょう。そうすれば、今度は〝夢〟の側から、あなたにさまざまなビジョンを見せてくれるようになるでしょう。

辞書のように「これ」と決めつけることはできない

この本では夢に登場するさまざまなシンボルを紹介していますが、一つひとつのキーワードに翻弄されすぎないことが大切です。なぜならば一つのモチーフを見て、どう感じるかは人それぞれだし、同じ人でもそこから受ける印象はその日の気分によって刻々と変わったりするものだからです。

つまりシンボルの意味は「これ」と辞書のように決めつけることはできないのです。気になるモチーフが出てきた場合は、基本的には「あなた自身がそれについてどういう印象を持つか」を考え、そのサポートとして、シンボル事典を使うようにしてください。

絵画を眺めるように「味わう」こと

夢を見た時「これはどういう意味を持っているんだろう?」と考えすぎないことも大切です。なぜなら夢は「あなたのその時の気分」の影響を受けることが多いため、必ずしも重要な意味を持っているとは限らないからです。

単に寝る前に見たニュースがそのまま夢に出てくることも多いでしょう。ですから一夜の夢で結論を急ぎすぎないこと。逆に言えば何度も見る夢は、重要なメッセージをはらんでいる可能性が高いとも言えます。またシンボルの意味を解釈しようと躍起になるよりも、まずは絵画を眺めるように、全体を〝味わう〟ことです。

夢の中の「シナリオ」を自分で変えてみよう

ある程度、夢を意識するようになると、夢の中で「これは夢だ」と認識できるようになります。そこまでいかなくても、ただストーリーに翻弄されるのではなく、自らの意志で結末を変えることができるようになるでしょう。そうなったらしめたもの。

例えば追われている夢なら、勇気を出して振り返り、その正体を見極めてみてください。すると、それがあなたが目を背けている事柄を暗示していたりして、現実を生きるためのヒントになることが多いのです。そうして一度、夢で向き合って意識化してしまえば、現実でも悩みの解決がスムーズになるでしょう。

夢だけでなく「現実」もシンボルで解釈できる

実は夢だけではなく〝現実〟も同じように解釈することができます。これらのシンボルは、あなたの無意識を読み解くためのもの。ですから眠っているか起きているかは関係なく、無意識のうちにとる行動や偶然の出来事も、一種の夢とみなして同様に解釈していいのです。

例えば、コンビニで偶然、お気に入りの曲が流れてきた、駅のアナウンスがなぜか現在の心境とリンクしていた、など。そうした偶然の出来事も、あなたに重要なメッセージを運んでいるかもしれません。

2 こんな時にはこんな夢を見やすい

多くの人が見やすい、いわゆる「典型夢」と言われるものはあります。これらは状況の変化に伴って見ることも多いもの。一般化は危険ですが、あくまでご参考に。

こんな夢を見たら①

「人生の転機」

歯が抜ける夢

環境に変化がある時、多くの人が見やすいのが歯が抜ける夢。人生の土台が大きく揺らぐような出来事があることを暗示します。その変化の兆しを無意識のうちに感じ取っており、不安を抱いているかもしれませんが、必ずしも悪い結果になるとは限りません。

ドア、門の夢

ドアや門など、外界との接点となるものが夢の中でクローズアップされた時は、あなたの人生も新たな可能性へと開かれていくことを表しています。夢の中でこうしたものに直面した時は、思いきって一歩踏み出してみて。きっと現実にもよい変化があるはず。

わかれ道の夢

真っすぐな道、曲がりくねった道など、道はあなたの人生の状態をシンボリックに表していいます。特にわかれ道や十字路など、どの道へ進むのか決断を迫られるような状況が夢の中に現れた時は、人生においても大きな分岐点にあることを表しています。

川の夢

進学や就職など人生の大きな転換期に見やすい夢です。特に大きなイベントがない場合でも、精神的に次の段階にステップアップすることを暗示しています。川を泳いだり、橋を渡るなどして、見事、向こう岸にたどり着けた場合は、その変化をモノにできる予兆。

結婚式の夢

結婚式の夢は〝自分とは異なるもの〟との和合を表します。違和感、嫌悪感を抱くものや人の中にあなた自身の成長や才能開花のヒントが眠っているので、食わず嫌いをせずに向き合ってみてください。それによって価値観がガラリと変わる時期であることを暗示しています。

こんな夢を見たら②

「恋愛成就」

お菓子の夢

お菓子を食べたり、もらったり、作ったり……スイーツが夢に登場した場合は、甘い恋の出会いが訪れる暗示。魅力が高まっているサインでもあるので、異性にモテモテになる可能性も……。積極的に出会いを求めて行動すれば、素晴らしい恋人との出会いがあるはず。

見知らぬ異性の夢

夢に出てきた見知らぬ異性は、あなたが思い描いている「理想の恋人」を表しています。その人物によく似た人、あるいは性格や動作、雰囲気など同じ要素を持つ人のイメージが投影されていることが多いので、身近にそうした人物がいないか、チェックしてみましょう。

小鳥の夢

鳥は幸運を表すシンボルですが、特に恋愛面における幸せを表しています。素晴らしい相手に巡り合う、片思いの恋が実る、意中の人から告白されるなど……恋愛全般で進展がみられるでしょう。なかでもペアの鳥を見た場合は、結婚が近づいているサイン。

雨にぬれる夢

雨に打たれて濡れる夢は、恋の成就が近いことを表しています。ずぶ濡れになればなるほど、ドラマチックで情熱的な恋が訪れる予感。もしそこで傘を差し出してくれた人がいたならば、その人物、もしくはそれに近いイメージの人と恋に落ちることも……。

踊る夢

情熱的に体を動かして踊る夢は、それがどんなジャンルのダンスであれ、感情が高ぶっていることを表しています。特にセクシャルな欲求が高まっている時に見ることが多く、一夜限りの恋を体験することも……。結婚している場合は、子宝に恵まれる可能性も大。

こんな夢を見たら③

「幸運の予兆」

太陽の夢

太陽は生命力の象徴。夢に出てきた場合は、エネルギーが高まっているサインです。ビッグチャンスが到来する、仕事で大抜擢される、これまでやってきたことが評価されるなど、成功をつかむことができるはず。輝きが強ければ強いほど、未来が明るいことを表します。

卵の夢

卵は創造性と可能性を表しています。特にクリエイティブな仕事に携わっている人は、素晴らしい作品を生み出し、それが世に認められる可能性も。思わぬチャンスに恵まれ、長年取り組んできたことが実を結ぶサインなので、自信を持って自分を打ち出して正解です。

死ぬ夢

夢の中に登場する死は、たいていの場合、幸運の訪れを表しています。自分自身の嫌な面が消えたり、価値観が大きく変化することを暗示しており、心が成長していることのサイン。近々、新たなチャンスが到来する予兆なので、そのための心の準備をしておきましょう。

血を流す夢

自分の体からドクドクと血が流れる夢は、運気上昇中のサイン。あなたの中にある不安や恐れなどネガティブな感情、性格的な弱点や固定観念などが消えていくことを表します。まさに体内の血が入れ替わるように、ガラリと自分を変えることができるはず。

馬の夢

馬はあなたの生命エネルギーを表している動物です。パワーがみなぎっており、ピンチをチャンスに変えることができるでしょう。失敗を恐れない積極的なアクションが幸運のカギになります。また趣味や習い事などのスキルが上がり、好結果を収めることができるはずです。

こんな夢を見たら④

「金運上昇中」

トイレの夢

トイレが夢に出てきた場合は、金運が高まっていることの象徴。汚物が体についたり触ったりするのは、特に驚くような大金を手にするサイン。ただしトイレ全体に汚れた印象が漂っている場合は、散財していることの警告です。生活を振り返ってみて。

ご飯の夢

お米はお金を表すシンボル。これが夢に出てきた場合は金運アップ中のサインです。臨時収入やプレゼントをもらうなど、思わぬサプライズがある予感も。お米で作られたおせんべいも金運の高まりを象徴しています。クジやギャンブルにトライしてみるのもよいでしょう。

太る夢

自分が夢の中で太っている夢は、財運の高まりを表しており、リッチな生活ができることを暗示しています。特にお尻や下半身にたっぷり肉がついているほど、得られるものが大きい予感。太っている人を見るのも、同じように金運アップ中のサインです。

象、豚の夢

どちらも財産を象徴する動物です。これらが夢に出てきた場合は特に勝負強くなっており、ギャンブル運が高まっていることを表しています。トフイしてみれば思わぬ臨時収入があるかも！　同時に、夢に数字や強く印象に残るものが出てきた場合は、それがヒントになるでしょう。

王様の夢

王様や高貴な身分の人が夢の中に登場した場合は、あなたのやってきたことが評価され、それがお金となって戻ってくる暗示です。昇進や昇給、臨時ボーナスの可能性も大。ただし自分自身が王様になっている場合は、対人面でのトラブルを暗示するので注意。

こんな夢を見たら⑤

「トラブルに注意」

自然災害の夢

嵐や雷は波乱の運気の真っただ中にいることを表しています。思わぬトラブルに見舞われて、方向転換を余儀なくされることも……。それに抗わず、変化を受け入れれば吉に転じることができます。地震はこれまで信じていた人に裏切られる可能性を暗示。

猫の夢

特に女性の敵を表すことが多い夢です。女性の家族に振り回されたり、恋や仕事のライバルに出しぬかれることも……。あなたの悪い噂を流していたり、重大なウソをついている女性がいることもあるので慎重に。猫から悪い印象を受けない場合は、それほど問題はありません。

双子の夢

あなたが大きな勘違いをしていることを表す夢です。仕事などで重大なミスが発覚し、それが大トラブルに発展する暗示も……。また身近にいる誰かを誤解している可能性もあります。噂話に惑わされないようにして。入ってくる情報はしっかり裏をとることです。

救急車やパトカーの夢

最近、何かやましいことをしてしまったのではありませんか？　その不安や罪悪感を象徴するのが救急車やパトカーの夢です。些細なことが思わぬ方向へ進み、大きな事件となることも……。今からでも遅くないので、きちんと道を正すことです。

武器の夢

剣やナイフ、ピストルなどの武器が夢に出てきた場合は、あなたの中の攻撃性が高まっている証拠です。それが原因で人との諍いが絶えなかったり、大切な人とケンカをし、永遠に別れてしまうことも……。爆弾は人生に自暴自棄になっていることの表れです。

こんな夢を見たら⑥

「体調不良」

バッグの夢

バッグは女性の子宮を表すため、その状態がよければ問題ありませんが、壊れていたり、どこか汚れた印象を受けた場合は、婦人科系のトラブルを示している可能性があります。生理不順などすでに気になる症状がある時に見る場合も。一度、きちんと検査してみること。

病院の夢

ストレスがたまっている時に見やすい夢です。特に精神的なプレッシャーで押しつぶされそうになっていることも……。医者や看護師がクローズアップされた場合は、誰かに助けて欲しいと思っている暗示。また「病院に行かなきゃ」と思っている時にも見やすい傾向があります。

落ちる夢

高いところから落ちる夢は、特に精神的なストレスが高まっており、それから解放されたいと思っていることのサイン。大量の仕事で忙殺されていたり、過度なプレッシャーによって、心も体も悲鳴を上げている可能性が大きいでしょう。この夢を見た時は、ゆっくりと心身を休めること。

建物にまつわる夢

家やビルなどの建物は、あなたの体を表しています。雨漏りがしたり、どこかに穴があいていたりした場合は、その部分にトラブルがある可能性を暗示しています。屋根を頭部、地下室や地面を下半身や足元ととらえ、どの部分に不調があるかチェックしてみてください。

うまく走れない夢

肉体的な疲労を表します。やる気はあっても体がそれについていくことができない状態を象徴。このままでは肝心な時に病に倒れてしまったり、せっかくのチャンスを逃してしまうことも……。運動不足の暗示もあるので、もっと体を動かすべき、というサインでもあります。

こんな夢を見たら⑦ 「メッセージ」

鏡の夢

夢の中に登場する鏡は、本当のあなたを映し出しています。鏡に映る自分からどんな印象を受けたか、振り返ってみましょう。くもっているなど鏡が見えない場合は、自分を見失っていることを象徴しています。もっと自分と向き合うことが必要です。

光の夢

スピリチュアルな意味合いが強い夢です。精神性の高まりを暗示しており、目に見えない世界に関心が向かっています。精神的な覚醒によって、価値観がガラリと変わることも。霊的能力が開花する可能性も。輝きが強く、金に近い色をしているほど、そのパワーが強まります。

師の夢

先生や指導者など目上の人物や尊敬する人物、もしくはブッダやキリスト、仙人などの歴史的な偉人が夢に出てきた場合は、あなたに重要なメッセージを伝えようとしています。その発言の中にあなたの成長に重要なヒントが隠されているので、よく思い出してみて。

追われる夢

何かに追われる夢は、その〝追ってくるもの〟に注目を。恐怖を感じることが多いかもしれませんが、振り返ってその正体をしっかり見たり、逆に捕まえたりすることができれば、あなたに欠けているものに気づくことができます。その結果、精神的に大きな成長が得られます。

聖地の夢

神社仏閣やパワースポットの夢を見た場合は、スピリチュアルなものへの関心が高まっています。今の生き方に疑問を抱いていたり、もっと目に見えない世界を知りたいという気持ちがあるようです。直感力が高まっているので、本来、目に見えないはずのものが見えてしまうことも。

3 夢に繰り返し現れる7つの「元型」とは？

「いつまでも夢みたいなことを言っていないで」とか、「夢見がちな女の子」とか、「夢のような話」など、現代人にとって「夢」というのは、実際にはあり得ないこと、現実とは正反対の実体のないもの、というイメージがあります。ですが、本当にそうでしょうか？

「夢と現実は同じ糸で織られた織物だ」

これは、シェイクスピアの言葉です。彼のように、人間の心に深い洞察を示した人は、夢と現実は決して異なるものではない、ということを見抜いていたのでした。そして、数々の優れた文学作品を残しています。

この考えをさらに発展させたのが、心理学者のカール・ユングです。我々の現実に何らかの意味を与えている深い構造が夢の中に現れているというのです。

それがユングのいう「元型」です。元型とは、夢の中に繰り返し現れてくる「テーマ」のこと。人間は一人ひとり違うものだし、歩む人生のコースも人それぞれです。ですが、人間全体の意識に共通する「主題」があるというのです。

例えば「母なるもの」は、自分の人生を温かく見守ってくれる存在として、どんな人にも欠かすことのできないものです。これをユングは「グレートマザー」と呼んでいます。また誰しも「見たくない」と思っている自分の未熟な一面を持っていますが、それを「シャドウ」と呼んでいます。

こうしたさまざまな「元型」は、夜ごと、さまざまなシンボルに姿を変え、私たち人間の夢に現れてきているのです。また夢の中でその元型との関係性が、実際の現実生活を大きく揺さぶったり、影響を及ぼしてくることもあるのです。つまり現実を支える基盤が夢の中に存在しているということです。

ユング心理学にみる7つの元型

ユング心理学における代表的な7つの元型を、次にご紹介していきます。あなたの夢の中にもさまざまなシンボルの姿を借りて、その「元型」の片鱗が現れていることに気がつくはず。あなたの中に眠っている「7人」からのメッセージをひもとけば、よりくっきりと夢の世界、そしてあなたが今生きている「現実」を知ることができるでしょう。

元型はこの7つだけではなく数多くありますが、ここでは代表的なものを取り上げます。元型は夢に現れやすいパターンがあります。該当するシンボルの夢を見た時は、その背後にある元型があなたの無意識下でクローズアップされているのです。

1
アニマ

シンボル代表例

姉・友人・猫・小鳥・鳩・木・花・くし・指輪・お酒・紅茶・雨・池・泉・虹・星・髪・目・指・悲しむ・泣く・歌う・送る・踊る・待つ・休む・料理する・握手する・キスをする・告白する・プレゼントする・人魚・赤・緑・左・6

官能とムードを司る〝女性〟的な部分

心の中にある〝女性的〟な要素、それが「アニマ」です。もちろん女性にも男性にも存在しています。雰囲気や衝動、官能やエロスを司り、心に潤いを与えると同時に、現実離れしがちな面も。

男性にとっての理想の恋人像を表します。これにまつわるシンボルが夢に頻繁に出るのは、感情的で情緒不安定になっているサインです。

占星術では、金星や月に対応します。

2
アニムス

シンボル代表例

弟・兄・アイドル・スポーツ選手・ミュージシャン・恋人・昔の恋人・愛人・コーチ・外国人・軍人・警察官・パイロット・犬・狼・トラ・ライオン・キノコ

論理や責任をもたらす男性的な部分

責任感や信念、権力など、あなたの中にある〝男性的〟な要素を示すのが「アニムス」です。物事を論理的に考える部分を司ります。女性にとっては理想の恋人像を表すことが多く、女性の夢の中で何度も繰り返しこのシンボルが出てくる場合は、男性性が高まりすぎていて、冷淡かつ強情になりすぎていることへの警告です。

占星術では、太陽や火星に対応します。

3

グレートマザー

シンボル代表例

母親・姉・看護婦・妊婦・イルカ・クジラ・牛・熊・象・羊・豚・貝・魚・恐竜・蜘蛛・サソリ・蛇・木・草・ご飯・麺・パスタ・豆・魚料理・ミルク・船・海・月・教会・卒業式・乳房・泳ぐ・失敗する・死ぬ・飲む・吐く・怪獣・魔女・黒・2

惜しみない優しさを象徴する偉大なる母

あなたの中の〝母なる存在〟が「グレートマザー」です。世界各地で大地を守る母、豊穣をもたらす神として崇拝される地母神が代表例で、人間に惜しみない愛を注ぐ存在。あなたを優しく慈しみ、育てる存在であると同時に、あなたの成長を阻むものとしても現れます。実際の母親との関係性が如実に表れやすい傾向もあります。

占星術では、月に対応します。

4

老賢者

シンボル代表例

父親・祖父母・先生・医者・お坊さん・魔術師・大学教授・老人・フクロウ・カメ・恐竜・宝石・手紙・メール・パトカー・雷・教会・美術館・博物館・神聖な場所・儀式・正月・手術・神・仙人・釈迦・紫・四角・0・7

知恵を授けるものの頑固になりがちな部分

あなたの中にある〝知恵〟の部分を象徴するのが「老賢者」です。それは成熟すればするほど有用な知恵となり、人生に役立ちますが、その分、頑固になったり、固定観念に縛られやすい傾向があります。それが変化を恐れる性質となって現れると、あなたの行動を制限したり、未知の可能性を摘み取ることにもなります。

占星術では、土星に対応します。

5
シャドウ

シンボル代表例

父親・母親・見知らぬ人・外国人・警察官・泥棒・双子・怖い人・死者・狼・コウモリ・猫・フクロウ・蛇・虫・花・制服・煙草・きゅうり・ニンニク・ネギ・嫌いなもの・地下鉄・エレベーター・風・壁・地下室・墓・外国・影・暗闇・知らない場所・テスト・事故・ニキビ・ほくろ・荒れる・恨む・嫌う・怖がる・嫉妬する・憎む・吐く・ウソをつく・悪魔・宇宙人・鬼・怪物・黒・下・地獄

心の未発達な部分の象徴。拒絶せずに受け入れて

あなたが〝見たくない〟と思っている自分の中の一面を表します。夢の中で〝こうはなりたくない〟と怒りや不満を感じた人物の性質が、そのままあなたの「シャドウ」を表すことも。とはいえ、それは欠点ではなく単に未発達なだけ。遠ざけようとすれば執拗に夢の中に繰り返し現れますが、きちんと受け入れ、自分自身に統合していけば、未知の才能が生まれるきっかけに。

占星術では、土星や冥王星に対応します。

6
ペルソナ

シンボル代表例

妹・上司・双子・ネックレス・ペンダント・宝石・鏡・化粧品・香水・コート・スカート・制服・洋服全般・雑誌・塔・運動会・儀式・コンクール・パーティー・眉毛・耳・迷う・洗う・脱ぐ・王様・王子様・王女

社会で生き抜くために自らかぶった仮面

ラテン語で〝仮面〟を意味する「ペルソナ」。これはあなたが社会（外界）に向けて見せている「顔」のことです。それはあなたが自ら選びとった仮面であるものの、そのことに無自覚であることが多く、これを「本当の自分」と勘違いしていることも。そうして「本心」と「仮面」の間のギャップがさまざまな悩みを抱える原因に。

服など身につけるものや社会的イベントとして現れることが多い。

占星術では、アセンダントやMCに対応します。

7

ディバイン・チャイルド

シンボル代表例

子供・赤ちゃん・後輩・妊婦・パジャマ・ライト・日記・ノート・楽器・アイスクリーム・ミルク・卵・ヨット・霊柩車・太陽・星・デパート・ドア・クリスマス・正月・葬式・卒業式・入学式・入社式・実験・ピクニック・顔・歯・心臓・血・はしゃぐ・遊ぶ・踊る・自殺する・飛ぶ・英雄・神・超能力者・黄色・金色・円・四角・2・7・0

子供のようにピュアな本当の気持ち

あなたの中にいる永遠の少年・少女のイメージが、「ディバイン・チャイルド」（神的な子供）です。子供のような純粋さや陽気さ、無限の可能性、自由奔放なわがままなどを体現したシンボルで現れることが多く、これがクローズアップされると、建前や権威欲などが消え、本当に自分が抱いている望みに近づくことができます。

占星術では、太陽、水星などと関連します

4 夢占いと占星術は結びついている⁉

星の象徴と夢の象徴に多くの共通点が

夢占いと占星術についての関連については、本書の第3章で少し詳しくレクチャーすることになりますが、ここでは、その序章をお話しておくことにしましょう。

夢と占星術はもちろん、別の体系です。しかし、現代の占星術はユング心理学の影響を色濃く受けており、そのために夢をホロスコープの解釈に応用することがしばしばあるのです。

たとえば、いつも夢の中で恐ろしい男性に襲われる夢を見る、という女性の場合には、その人の中で男性イメージが傷ついていたり、あるいは男性に対しての恐れがあることが十分に考えられるわけですが、その人のホロスコープの中の男性性を表すような太陽や火星、あるいはパートナーを意味する第7ハウスの支配星の状態を調べていくことによって、その心の中の恐れの正体に迫る近道を探すこともできるかもしれない、というふうに考えるわけです。

ユングの心理学によれば、占星術の星の象徴と夢の象徴は同じ無意識、それも集合的無意識の世界から生み出された元型的なものなので、共通することが多いと考えることができるからです。

しかし、このような考え方のはるか以前に、夢と占星術を結びつけることはありました。もっとも有名な例を挙げれば、古代のキケロが物語る「スキピオの夢」などでしょう。ローマのスキピオはある時に夢を見ます。夢といってもそれはあいまいでぼんやりしたものではなく、現実以上の真実を見せるようなものでした。

スキピオは、現代ふうにいうと「幽体離脱」を体験します。

そして、スキピオは地球を中心とする古代の太陽系宇宙を見ることになり、この世界がどのようになっているかを知ることになるのです。

スキピオは亡き祖父の魂から、この世界の成り立ちを教わることになります。スキピオが見ると、地球はこの宇宙全体からすると、取るに足りないほど小さなものであり、この地球は銀河や惑星たちによって取り囲まれていることを目の当たりにします。祖父は、このように語ります。地球を中心に、惑星の天球が同心球として回っているというのです。

「よく聞いておくがよい、九つの輪、正しく言えば九つの球、万物は、これらによって、繰り合わされている。それらのうちの一つは天球、残りの全部を包み囲んでいる外側の極みをなす球。ほかの一切の球を、囲い込み、固め保っているがゆえ、これこそ、まさに至高の神〝原動天〟。この中に嵌めこまれているのが、あの回りゆく、星々の常に変わらぬ数々の道〝恒星天〟」

その下に、土星、木星、火星、太陽、金星、水星、月と7つの惑星が続き、その下には地球があります。

地球圏は月よりも下の世界であり、月より上の世界が永遠不変な完全な世界であるのに対して、その下は変化に満ちた世界となっています。

夢は巨大な音でハーモニーを奏でている

しかし、この地上に住む人間の魂だけは星から来たものであり、永遠に不滅だとされました。そして、興味深いことに、スキピオの夢が教えるところでは、それぞれの天球はそれぞれの速度で公転しながら、巨大な音でハーモニーを奏でているとされています。

その音は人間にとってはあまりにも大きく、かえって人間の耳には聞こえないものではありますが、中には瞑想と学究にふけり、その音を楽譜に書きとれる人もいるということ。

これはまさに古代の占星術の宇宙論です。プラトンの時代にさかのぼると、人間の魂はこのような宇宙の天球を通過しながら地上の肉体に受肉して生まれることになります。その折に、運命の籤《くじ》を引きあてるとされることもあり（プラトン『国家』におけるエルの神話）、あるいは、魂が7つの天球を通過していく時に惑星に応じてさまざまな性質（火星なら勇気、金星では愛といったような）を受け取って生まれるともされていたわけです。

こうして星と運命は不可分な結びつきがあると考えられるようになりました。これが占星術の基盤となっているのです。

スキピオが夢で宇宙そのものを体感し、星の音楽を耳にしたということは、夢の世界において人間は宇宙の実相を見ることができ、そして星からのメッセージを直接的に把握することができるというふうにも解釈できるのではないでしょうか。

ローマ以来、占いは「霊感に導かれたもの」（神々からの直接的なメッセージとしての占い）と「人工的な、あるいは推論的なもの」の二種類に分けられていました。

しばしば、夢は神々からのダイレクトなメッセージであるがゆえに霊感に導かれた占い、そして占星術は星の配置から運命を推論するので人工的な占いとされるわけですが、このようなヴィジョンの中においては、占星術はまさに霊的世界の直接経験としての霊的な占いというものに分類されていくのではないでしょうか。

しかし、通常の意識状態では、このような経験は、おいそれとできるものではありません。

夢が神々からのメッセージだったとしても、それを解釈するのは難しいものです。通常の意識とは異なる夢の言語で語られるわけですから、（ユングは夢の言語を「方向づけられない思考」と呼んでいます。意識が方向づけられた思考であるのに対して、意識では理解しがたい論理でなりたっている思考ということです）それを解釈するのは困難。

そこで占星術を併用して、夢の意味を解釈してゆく、ということも行われているわけです。

第3章で見たように、実際、夢と星の動きには不思議なシンクロが起こることがあるわけですから、本当に夢ってやはり不思議です。

5 夢日記をつけよう ～共通のテーマを見つけるために

バラバラの夢に一つのテーマが

自分では毎晩違う夢を見ているように思えても、実は「同じテーマが何度も形を変えて現れていた」というケースがあります。

例えば、ある日の夢に、あなたの好きなアイドルが出てきたとします。次の晩は大きなライオンと遊んでいる夢を、また、次の晩には自分が警察官となる夢を見ました。まったくバラバラに思える三つの夢ですが、それぞれの夢に出てきたものをチェックしてみると、「アイドル」も「ライオン」も「警察官」もどれも男性性の「アニムス」を象徴するシンボルだということがわかります。

「心が頑なになっていませんか?」「偉そうな態度をとっていませんか?」という無意識からのメッセージです。

夢の中から共通するテーマを見つけ出すためには、「夢日記」をつけておくのがよいでしょう。枕元にノートと筆記用具を置いておき、目が覚めたらすぐに、夢に内容を書きつけるのです。「赤」「大きなお城」「悲しい気持ち」など、印象に残ったシンボルだけでも十分。

また、現実との関連をより詳しく分析するために、前日に起こったことや、シンボルから連想できる事柄などを書きとめておくのもおすすめです。

書き溜めた夢日記は、あなたの無意識からの呼び声であり、心の様子や変化を表す成長記録となるでしょう。

6 あなたが見る夢は？

「フロイト派」それとも「ユング派」？

20世紀は科学の世紀であると同時に、心理学の世紀であったともいえるでしょう。１９００年、オーストリアの心理学者ジークムント・フロイトが『夢解釈』という本を出したのがその幕開けといえるでしょう。この「夢解釈」という言葉は、現代では「夢占い」と同じ意味で使われているのですが、この本を「占い本だ」などと言ったら、フロイト本人には怒られそうです。彼にとってこの本の内容は、立派な科学だったのですから。

フロイトは「夢は、本人の無意識の領域から出てくるもの」という説を最初に提唱した人物であり、同じく夢分析に重きを置いたスイスの心理学者、カール・グスタフ・ユングを弟子に持ちます。ともに、後世まで名を残す偉大な人物ですが、二人はある時から、道を違えることになります。フロイトにとっての「無意識の領域」とは、きわめて性的なものでした。フロイトふうに解釈するならば、夢の中に登場する、とがったものや棒状のものは、すべて男性器の象徴であり、穴の空いたものやへこんだものは、すべて女性器の隠喩だということになります。少々、極端ではありますが……。

一方、ユングは、そんなフロイトの「性欲説」に満足しきれませんでした。ユングにとっての「無意識の領域」は、個人の性的なエネルギーばかりでなく、もっと広大な、自分自身を成長させてくれる力を持つものだと考えたのです。ユングふうの解釈では、夢の中は、つねに元型的な神話のイメージで満ちていることになります。

ここで、興味深い話を一つご紹介しましょう。おもしろいことに、フロイト派の夢解釈を推す人は、フロイトが喜びそうな注射器（男性器の象徴）などが出る夢をよく見て、ユング派の人は、ユングが喜びそうな神話的モチーフが出る夢をよく見るのだそうです。「昼の意識や考え方が、夢に反映されている」ことを証明するエピソードですね。

もちろん、時として夢は、本人が予想もしなかったようなシーンを見せて、昼の意識を揺るがすこともありますが……。また、現実との関連をより詳しく分析するために、前日に起こったことや、シンボルから連想できる事柄などを書きとめておくのもおすすめです。書き溜めた夢日記は、あなたの無意識からの呼び声であり、心の様子や変化を表す成長記録となるでしょう。

Column

鏡先生の「夢」体験 ①

人生のイメージを表す夢

夢の中には、実に印象的なものが出てくることがあります。そして、それが人生の方向性を示す強いインパクトを残すものになることもあるのです。

僕が見たのは、そんな夢の一つです。実は様々なことがあって、大学院で助手をしていた僕がアカデミズムを去ってフリーの占星術家になるか、あるいは、メディアでの活動を停止して学究一本の道に残るかを悩んでいた時のこと。

こんな夢を見ました。

夢の中で、僕は当時住んでいたアパートにもう一部屋、なぜか使っていない部屋があることに気がついたのです。

「おお、もったいない、この空間はもっと使えるじゃないか、本も置けるじゃないか」と思ってその部屋を覗いてみると……なんと、そこにはデスクトップのコンピュータとプリンタが置かれていました。当時のことですから、ロール紙の旧式のプリンタです。

そこからは大量のホロスコープがどんどんプリントされ、部屋を埋め尽くそうとしていたのです。

その時、夢の中でこんな考えが浮かびました。

「ああ、このまま僕がこの部屋を開けなければ、読まれないままになってしまうホロスコープがこんなに溜まってしまうんだ……」

そこで目が覚めました。

この夢のあと、僕はいったん大学を離れ、フリーランスの道を選ぶことを決意したのでした。

2 シンボリック夢事典

ここからは、夢がくれるさまざまな「素材」を、あなたの「人生の物語」に織り上げていくために、各シンボルが持っている普遍的な意味を解説していきます。書かれている文言から自分なりのイメージを広げて、夢の世界を存分に味わってください。

この事典では、キーワードの下に典型的にあてはまる元型を入れました。詳しい意味は、25ページ～28ページを合わせてごらんください。特にないものは、そのほかの元型（例：トリックスター、変容、イニシエーションなど）と考えられるものです。まずは、ご紹介した典型的な元型をヒントに夢を味わってみましょう。

キーワードは、項目別に紹介しています。巻末の五十音順の索引からも調べることができます。探すキーワードが見つからない場合は、ほかのことばに言い換えて引いてください。例えば「ケーキ」は「お菓子」のカテゴリーに入ります。意味を押し広げて引いてください。

アニマ	あなたの中にある女性的な要素。またはエロス的な要素。現実から遊離する一面も。
アニムス	あなたの中にある男性的な要素。またはロゴス的な要素。あなたの魂に論理性を与える。
グレートマザー	母なるものの存在。あなたをやさしく慈しむものではあるが、成長を阻むものとしても現れる。
老賢者	大人の成熟した知恵を表わすが、頑固な面でもあり、可能性を摘み取る存在にも。
シャドウ	見たくないと思っている自分の一面。心の未発達な部分だが未知の才能でも。
ペルソナ	ラテン語で「仮面」を表わす。社会との接点に作られ、社会に向けてあなたが見せる顔。
ディバイン・チャイルド	永遠の少年・少女のイメージ。無限の可能性を表わす。何かが生まれる時のサイン。わがままさも表わす。

人物

夢に登場する人物は、あなた自身の〝断片〟

夢に出てくる様々な人物。それは現実の「その人」というよりも、あなたの中にある様々な側面を体現していることが多いでしょう。例えば、夢の中に出てきた母親は、あなたの中にある母性的な側面、あるいは母親に抱いているイメージが投影されていることも……。人間は多面体のようなもの。あなたの中に「気づいていないあなた」がいて、夢では別の人物の姿を借りて現れてきたりするのです。その人物にイライラしたり、憤ったりするのは、写し鏡のように自分の中にある見たくない部分を目の当たりにさせられるからです。

そんな視点を持って、夢に出てくる登場人物たちを見てみれば、あなた自身をもっと深く知るための手がかりを得られるはずです。

【家族】

援助や警告を与える存在。
謙虚に自分を見つめて

【両親】

実際の両親が夢の中では姿を変えて出てくる場合もあります。親しみを感じる人、大きさを感じさせる人が出てきたら、それはあなたの両親を暗示している可能性が大。言動に着目を。

【父親】 老賢者 シャドウ

父親に対して恐れを抱いた場合は、心の内に何かやましいことがある暗示。優しい印象を抱いたら、力のある人、権力のある人が助けの手を差し伸べてくれそう。世の中の「権威」を表すシンボルでもあることから、反発を抱いた場合は、社会に押しつぶされそうな自分、それに対する抵抗感を表します。

【母親】 グレートマザー シャドウ

母親はすべてを受容する母性を表します。あなたを守る存在であると同時に、あなたを現状にとどめようとする存在です。また母親が死ぬ夢は、家族に知られたくない秘密の存在を示します。何か、後ろめたい気持ちでいるのではありませんか？

【兄】 アニムス

女性にとっては男性性の象徴。自分の中にある荒々しい、暴力的な部分が目覚めています。恋人が現れる暗示であることも。

【弟】 アニムス

兄と同様、女性にとっては男性性を表します。乱暴な弟は、自分の中にある男性的衝動を発散できずにおり、フラストレーションがたまっていることを表します。

【姉】 アニマ グレートマザー

女性にとっては「お手本」を暗示します。夢の中の姉の言動を自分に取り入れるといい、というメッセージ。ふざけた姉ならあなたもリラックスしてOK、まじめな姉ならあなたも慎重かつ着実に物事に取り組むべしというサインです。

【妹】 ペルソナ

他人の目から見たあなたの姿を表します。妹に対して憤りを感じた時は、その短所や未熟さが実はあなたの中にもある、ということを意味しています。

【祖父母】 老賢者

現在も健在な祖父母が夢に出てきたら、あなたに味方がいるということを表しています。すでに亡くなっている祖父母が夢に出てきたら、霊的な世界に目を向けることで、何らかのヒントやメッセージを受け取ることができる時です。

【配偶者】

恋人の項を参照。

【自分】
自分でも気づいていない本心や願望が表れる

【自分】

夢の中の自分は、もちろん、自分の意識を表しています。でも、その自分は普段の意識の自分とは違っています。夢の中の自分があなたの理想像や希望を表しているのです。また、夢でもう一人の自分を見るということもあります。いわゆる分身のようなものですが、これは無意識があなたにあなたの姿を客観的に見せようとしているのかもしれません。あなた自身の深い気持ちの揺れや変化をもう一度、見つめてみなさい、というメッセージが含まれています。あなたの中にまだあなたが気づいていないあなたがいます。

【友人・見知らぬ人】

あなたの「分身」として登場。
自分を見つめるきっかけに

【友人】

アニマ

夢の中の友人はあなた自身を表しています。もし嫌なところが目についたり、憤りを感じたら、そうした面があなたの中にもあるということ。自分を振り返ってみるといいでしょう。しばらく会っていない友人が出てきた場合は、その人があなたに連絡を取りたがっている可能性大。

【見知らぬ人（異性）】

シャドウ

その人はあなたの理想の恋人像を表しています。その人に好意を抱いたら、実際にそうした恋人ができることも。また意中の人が姿かたちを変えて出てきていることもあり、その場合は、ふたりの仲が進展していることを表します。ケンカをしている場合は、あなたの中でまだその人と恋愛する心の準備ができていないことを表します。

【見知らぬ人（同性）】

見知らぬ同性と仲良くする夢は、あなたが精神的に成長を遂げていることを象徴。ケンカしている夢は、性格的なコンプレックスを抱いていて、自分で自分を好きになれない、何か人間関係で後悔するようなことをしてしまったことの表れです。

【子供】

愛情・幸福に満ちるサイン。
未熟さの表れの場合も

【子供】

ディバイン・チャイルド

たくさんの子供に囲まれる夢や、子供と楽しく遊んでいる夢は、あなたが愛情に満ちているサイン。知っている子供の場合は、その子に対してどんな印象を抱いたかをチェック。それがあなたが成長するためのヒントになります。見知らぬ子供と話している夢は、あなたの中に未熟な部分があることを表しています。

【赤ちゃん】 ディバイン・チャイルド

何かを守りたいと思っている気持ちの象徴。また人生の新たなステージが始まり、幸福に導かれることを表します。泣いている赤ちゃんは、現在の計画を見直したほうがいいというシグナル。

【有名人】
あなたの理想像の「代役」。
逃避願望、寂しさの裏返し

【アイドル】 アニムス

現実から目をそむけ、悩みから逃げようとしているサイン。理想の恋人を追い求めているという暗示でも。

【芸術家】

あなたの中に眠っているアーティスティックな才能が開花することの表れ。

【芸能人】

その芸能人にどこか似ている現実の友人を表します。言動をチェックしてみて。

【スポーツ選手】 アニムス

同性の場合はあなたが「こうなりたい」と感じる要素がその人の中に隠れています。異性の場合は、理想の恋人像を表しています。

【ミュージシャン】 アニムス

ミュージシャンを見る夢は、心に寂しさを抱えている暗示。あなた自身が歌手になる夢は「もっと自己アピールしたい」「目立ちたい」という衝動が眠っていることの表れ。

【恋人】
実際の恋人との関係を暗示。
現状の変化を表す場合も

【恋人】 アニムス

知っているけれどまだ恋人同士ではない相手が恋人として出てきたら、その人に惹かれているサイン。知らない人ならまだ恋愛は当分先の暗示。実際の恋人とセックスする夢は、倦怠感、不仲など、ふたりの関係に暗雲が立ち込めていることの表れ。

【昔の恋人】 アニムス

その人にまだ未練がある可能性大。あるいは昔の恋人との関係を見直すことで、今に生かせるヒントがある暗示。

【愛人】 アニマ アニムス

現状の人生にマンネリ感を抱いていて「今の自分を変えたい」という思いがあります。夢の中での浮気相手の性格やステイタスに、何かあなたが憧れている要素がある可能性も。

【目上の人】

重要な忠告をもたらす夢。
トラブルの暗示の場合も

【コーチ】 アニムス 老賢者

コーチと会話する夢は、面倒な出来事が起きる暗示。あなたがコーチとなって選手を指導している夢は、願いがかなうという知らせ。

【社長・会長】

自分の中の権威のよりどころのシンボル。健全な関係なら、自信を持てる状況。口論しているなど、よくない関係なら、自分の中のよりどころを失いかけているかも。

【上司】 ペルソナ

仕事場で不満がたまっているサインです。また未来に対して不安を抱いていることの表れ。

【先生】 老賢者

夢の中の先生は、今のあなたに重要なアドバイスをしてくれる存在です。もしも先生に叱られていたら逆夢。きちんと成長していて、人に認められるような出来事がある暗示。先生に褒められている夢は、皆の注目を集めたい、人気者になりたい、という欲求が眠っていることを表します。

【先輩】

あなたが「こうなりたい」と思っている理想の姿を表しています。先輩のどんな性格がクローズアップされていたかを思い返すと、今のあなたに必要なものがわかります。

【そのほか】
恋愛・健康・金運などの現状への示唆が含まれる

【医者】 老賢者

これから多忙になる暗示。それに伴って体調を崩す可能性があることを警告する夢です。お医者さんの優しい面や温かい面がクローズアップされた場合は、あなたにとってよきアドバイザーとなる人物が登場する暗示。

【ウエイター】

ウエイターのサービスに満足がいった場合は、周りとよいコミュニケーションが取れている暗示。ウエイターが冷淡だったり、サービスが悪かったりした場合は、もっと人と心を開いてつき合う必要があることを教えています。

【お坊さん・僧侶】 老賢者

お坊さんを見かける夢は、あなたが精神的にもっと成長していきたいと願っていることの表れ。お坊さんから話しかけられた場合は、人の言葉の中に役立つアドバイスが見つかる暗示。あなたからお坊さんに話しかけた場合は、身近な人によくない事件が起こる可能性あり。

【外国人】 アニムス ペルソナ

今まで接したことのないタイプの友人ができる暗示。最初は相容れないと感じたり、ぎくしゃくしそうですが、あなたのほうから相手を理解するように努力すれば、新たな発見が得られるはず。無二の親友になる可能性も。

【看護師】 グレートマザー

看護師は優しさ、自分を愛情で包んでくれる人物の象徴。この夢を見た時は、疲れていたり、プレッシャーにさらされていて、心からの安らぎを求めているのかもしれません。身近に親切にしてくれる人が現れる予感があるので、助けを求めて。

【官僚】

心の温かみや情が欠如していることを表します。人間を本当の意味で理解できていないかも。表面的な人づき合いに終始していることを知らせるサインです。

【軍人】 アニムス

強い男性に惹かれていることを表します。リードしてほしい、荒々しく自分を奪って欲しい……そんな願望を抱いているようです。

【警察官】 アニムス シャドウ

最近、現実で何か不正をしたならば、そのことを後悔していたり、内心ひやひやしていることの表れ。特にやましいことをしたわけではないのなら、あなたを守ってくれる人や助けの手が差し伸べられる暗示です。

【後輩】 ディバイン・チャイルド

夢の中の後輩は、あなたが「こうなりたかったけどなれなかった」あなたの側面を表しています。後輩の言動や姿に、あなたの憧れを刺激するような面があるはず。

【怖い人】 シャドウ

夢の中で怖いと感じる人は、あなたの中にある嫌な一面を拡大して演じています。何に恐れを感じたのか、よく考えてみるとヒントあり。

【死者】 シャドウ ディバイン・チャイルド

死は物事の終わりと同時に、新しいことの始まりを意味しています。知っている人物が死ぬ夢は、その人に対するこだわりが消え失せ、新たな関係が築けるようになる暗示。もしくは逆にその人に対する執着が強すぎるあまり「今の関係をどうにかしたい」と思い悩んでいる場合も。自分が死ぬ夢は、あなた自身の精神的な成長を表しています。

【セールスマン・商人】

セールスマンや商人が訪ねてくる夢は、新しいことを始めたいと思っていることのしるし。やってきた情報に乗ってみることで、思わぬ幸運やチャンスを手に入れることもありそう。自分が商人になっている夢は、誠実さが失われている証拠。周りの人に対する態度を改める必要があります。

【聴衆】

聴衆がうるさくて自分の声が届かない夢は、誰も自分の意見を聞いてくれないと思っていることを表します。本来いるべき聴衆がおらず、がらんとしている夢は、自分の存在が無視されている、業績が十分に評価されていないことを不満に思っている暗示。

【泥棒】 シャドウ

依存的な状態になっています。自分では決心がつかないことを他人に決めてもらいたい、誰かに何とかしてほしいと願っています。自分自身が泥棒になった夢は、トラブルメーカーとなって周りに迷惑をかけてしまう暗示。

【妊婦】 グレートマザー ディバイン・チャイルド

新たな生命を宿し、それをはぐくんでいるのが妊婦。あなたが妊婦になっている夢をみたら、これまで長年温め続けてきた夢がいよいよかなう可能性が大。生理不順など婦人科系疾患に注意するべきという暗示も。

【パイロット】 アニムス

天高く、誰も手の届かないところへと誘うシンボルがパイロットです。パイロットが夢に出てきたら、今の環境を脱したい、人生を新たにやり直したいという気持ちの表れです。あなた自身がパイロットになっていたら、誰を連れて行ったかに注目を。その相手と新天地で人生を出直したいと思っていることの表れです。

【双子】 シャドウ ペルソナ

重大な勘違いをしている暗示です。もし、最近何か決断を下したならば、もう一度冷静にその判断が正しかったか検証する必要があります。重大なミスや見落としに気がつくことも……。あなた自身が双子になった夢の場合は、自分が定まらなくなっており、もっと自分を見つめ直す必要がある、というメッセージです。

【兵隊】

突発的なアクシデントが起こる暗示です。それがいいことか、悪いことかはわかりませんが、普通ではあり得ないことが起きる可能性が高いでしょう。あなた自身が兵隊になった夢は、誰かを守りたいという気持ちがあるか、そうした環境に身を置くことになる可能性大。

【老人】 老賢者

人生がマンネリに陥っていて、退屈しているというサイン。自ら工夫して変化を作り出すことが必要です。老人と話す夢は、自分一人で何とかしようとするのではなく、誰かのアドバイスを受けたほうがいい、というサイン。特に信頼できる年上の人物に頼るべき時です。

【郵便配達人】

あなたが郵便を配達する夢は、他人から秘密を打ち明けられる暗示。郵便配達が自分の家の前を素通りする場合は、がっかりする出来事の可能性が。郵便配達を追いかける夢は、チャンスに自ら飛び込んで行こうとする積極性を表します。

動物・植物

動物的な本能や生命力……生き物としてのあなた

夢に登場する動物や植物は、それぞれの種類によって意味合いは変わりますが（どう猛な肉食獣とか弱い草食動物）、基本的にはあなたの無意識の中に眠っている動物的な本能や生命力を表しています。現代社会に身を置いていると忘れがちですが、私たち人間も〝生き物〟にほかなりません。食欲や性欲に忠実な部分、そして感情によって突き動かされる本能的な部分など……。あなたの中に眠っている生々しく、時に荒々しいエネルギーが動物や植物の姿をとって夢に現れるのです。特に夢の中で言葉を話す動物は、あなたの無意識からのサインを運んできたメッセンジャーである可能性が大。その話を注意深く聞いてみれば、何かヒントが得られるはずです。

【哺乳類】

問題の発生と解決を表す。動物に何をされるかで判断を

【犬】 アニムス

夢の中で犬をかわいがるのは、心の中では誠実で頼りになる友人を求めていることの表れ。また犬にかまれる夢は、けがや病気に注意が必要という暗示。無理をしすぎるのは禁物というメッセージを含んでいます。

【イルカ】 グレートマザー

これまで頭を悩ませていた問題が解決する兆し。夢の中でイルカに乗っていたら、新しいことにチャレンジするチャンスが来ていることを表します。

【牛】 グレートマザー

人に対して親切な気持ちになっていることの表れ。思いやりある態度をとることが、周囲の人に対してよい結果を生むはず。困っている人や弱い人を進んで助けるようにすると、幸運が訪れます。

【馬】

やる気がみなぎっている時。行動力にあふれており、

自分で人生を切り開く力がある時です。上手に馬に乗って走っている夢は、何かを始める好機。これまでやりたかったけれどなかなか手を出せずにいた趣味や勉強などを開始するのによいタイミング。また異性へも果敢にアプローチできる時なので、うまく恋をモノにできる可能性も大。

【狼】 アニムス シャドウ

今、何らかの衝動があなたを突き動かしています。ですが、その分、足元をすくわれる可能性が大。意識して冷静さを取り戻す必要があります。狼にかまれるのは、悪だくみや水面下の隠密行動はいずれ白日のもとにさらされるので控えるべき、というサイン。

【狐】

古くから神聖な動物とされてきた狐には、運の流れを切り替える力があります。狐が夢に出てきたら、「ダメだ」と思っていたことも、一発逆転できるチャンス。ただし同時に周囲に裏切り者がいる可能性があることも暗示。行動する際は慎重さが求められます。

【クジラ】 グレートマザー

クジラに飲み込まれたり、クジラと一緒に泳ぐ夢はあなたがまだ母親に依存していることの表れ。母親に甘えたいという気持ちがあるのかも。

【熊】 グレートマザー

夢の中に登場する熊は幸運のメッセンジャー。怖がらないで、自分から接近していくと素晴らしいチャンスや恩恵があるはず。熊の前で死んだふりをするのは、周囲に対して心を閉ざしているサイン。人とかかわりたくない、一人でいたい、と思っていることを表します。

【コウモリ】 シャドウ

心の中に迷いが生じています。何かに心を惑わされており、正しく物事を見極めることができません。本当の味方を敵と誤解していたり、裏のある人物を信じ切っている可能性も……。思い違いをしないように気をつけて。

【猿】

理屈っぽくなっており、弁ばかりが立つ状態です。いい気になっていると、誰かに揚げ足を取られたり、いいように扱われて痛い目に遭う可能性があることを警告しています。猿に話しかけられる夢は、もっと人の意見をよく聞くように、というメッセージです。

【象】 グレートマザー

幸運な夢です。クジが当たったり、プレゼントがもらえるなど、臨時収入があるという暗示。またあなたの人気が高まっており、家族や友人たちと楽しい時間が過ごせそうです。

【タヌキ】 アニムス

人を信じたいという気持ちの表れです。ですが、その気持ちが募りすぎるあまり、信じすぎて裏切られることも……。相手をよく見極めなさい、という警告です。

【トラ、ライオン】

自己アピール欲が高まっています。何か新しいことをやりたい、多くの人の注目を集めたい、という思いが強くなっているよう。いつも受け身に回りがちな人に対しては「時には強気になって、自分の意見を主張することも必要」というメッセージでもあります。正しいと思ったら、勇気を出して発言してみてください。きっとそこから何かが変わり始めるはずです。

【猫】 アニマ シャドウ

恋のライバルが出現する兆しです。猫に引っ掻かれたら、ライバルに裏をかかれる予感。またあなた自身の嫉妬心やわがままさ、気まぐれな態度が恋に悪影響を与えている傾向も。子猫の場合は、やきもち焼きの友人や恋人に振り回される暗示。やせ細った猫を追い払う夢は、友人を危険から救うという暗示があります。黒猫が出てきた場合は、スピリチュアルな物事への関心が高まっているサイン。

【ネズミ】

思いもよらぬハプニングが起きる暗示です。ネズミをつかまえる夢は、物事がスムーズに運ぶことの表れ。特に白いネズミなら恋のよい知らせを運んできます。

【羊】 グレートマザー

優しさと豊かさを象徴する動物です。すべてのことがうまくいくという暗示。人に褒められるなどうれしい出来事の暗示も。またお金に余裕が出てきたり、旅行の機会がもたらされることも。

【豚】 グレートマザー

異性への関心が高まっているサイン。近々、ステキな出会いが期待できそうです。勝負事にも強い時期なので、ギャンブルにトライしてみるといい結果が得られそう。

【野獣】

どう猛な動物は、あなたが恥じているあなた自身の衝動を表します。獣の数や種類が多いほど、その衝動が暴走していることを暗示します。

【鳥類】

鳥の種類によって吉凶が分かれる。
恋か病気の暗示

【カラス】

不運の象徴。誰かがあなたのよからぬ噂を流していることを警告する夢。事故や急病にも注意が必要な時です。

【小鳥・鳥】 アニマ

幸運の訪れを暗示。特に恋愛の成就が目前というサイン。美しい小鳥の鳴き声を聞いた時は、恋にまつわるうれしいニュースが舞い込んでくるサインです。特につがいの小鳥を見た時は、素晴らしい幸運がもたらされるはず。いつもよりオシャレをして出かけるとラッキー。

【鳩】 アニマ

愛のシンボル。意中の人との関係がいい方向へ行きそうです。鳩に餌をやる夢は、下手な小細工をせず、正しく生きれば幸運の恩恵にあずかれるということを暗示。

【フクロウ】 老賢者 シャドウ

夜の生き物であるフクロウは、知恵の象徴でもあります。特にあなたの直感が冴えている時に見る夢。インスピレーションに従った判断で正しい道に進めます。

【海の生き物】

魚介類は幸運の訪れを象徴。
でも、腐っていたら反省を

【貝】 グレートマザー

貝を拾う夢は、毎日の生活に小さな幸せや喜びを発見できることを表しています。同時に「余計なことは口にするな」という警告も含まれています。しゃべりすぎないことが幸運に恵まれる秘訣です。

【魚】 グレートマザー

魚をとる夢は、念願だった大切なものをついに手に入れることができる、ということを暗示しています。特に二匹の魚は家庭における幸福を表し、子宝に恵まれることも。ただし、腐った魚は凶。気を引き締める必要があることを伝えています。

【サメ】

海の王者であるサメ。夢にサメが出てきたら、目上の人に叱られるという暗示です。サメに追われる夢は、友人とのつながりが強くなることを意味しています。

【両生類など】

恋愛、金運、健康面の暗示。
嫌悪感がなければ吉兆

【カエル】

緑色のカエルの夢なら、楽しい変化が起きそうです。茶色や暗い色のカエルの場合、不安なことがあり、親の助けを求めているという暗示。

【カメ】 老賢者

長命な生き物であるカメが出てくる夢は吉兆です。特に毎日の努力を怠らなければ、勉強も恋も仕事も必ず実を結ぶという暗示。邪魔が入っても、必ず乗りきって成果を手にすることができるでしょう。

【恐竜】 グレートマザー 老賢者

大自然への憧れ、自然回帰への衝動が高まっているようです。山登りや海水浴など、大自然の中に身を置くことで運が高まる時。

【ワニ】

やる気がみなぎっている時。ですが、冷静さに欠けており、そのためになかなか成果を出せない可能性があります。

【クモ】 グレートマザー

あなたの中にある深い女性性、母性の象徴。人に優しくできる時。恋の成就を予感させることも。ただし同時に、しがらみによって身動きが取れなくなる可能性も示唆しています。

【サソリ】 グレートマザー

不老不死のシンボルです。同時に、満ちた月がいずれ欠けるように、すべては移り変わるということを暗示。今はよくても気を抜くことなく、努力せよというメッセージ。またどんなに頑張っても力が及ばないことに出会う暗示も。

【蛇】 グレートマザー シャドウ

蛇に噛まれるのは、突然の恋に落ちることを暗示。一目ぼれの予感も……。蛇に巻きつかれたら、健康に注意が必要な時。蛇に飲み込まれたら、母親から小言を言われそうです。蛇を殺す夢は、見事ライバルに勝利できる暗示。蛇が家に入ってきたら、お金が入ります。小さな蛇や白い蛇なら、大金の可能性も！

【虫】 シャドウ

心が敏感になっています。不安感にさいなまれたり、人目を気にして堂々と動けずにいることを表します。特にゴキブリの夢は嫌いなもの、見たくないものを暗示。人に欠点をズバリと指摘されて落ち込むことも……。

【テントウムシ】

グッドニュースが訪れる予感！

【蝶】

自由への憧れが高まっているサイン。もっとプライベートを充実させて。

【蜂】

蜂や蜂蜜は平和と繁栄を表す幸福のシンボル。夢に出てきた時は、すばらしい幸運の訪れを暗示しています。

【植物】

青々とした状態なら幸運を、枯れた状態なら、不運を表わす

【木】 アニマ グレートマザー

青々とした木は幸運の象徴。枯れ木は健康や運勢が低下していることを暗示しています。木を切る夢は身近な人と別れの前兆。落葉樹は友人がいっぱいできることを表し、花の咲いている木は愛情には恵まれるが、浪費に注意が必要という意味。実のなる木は金運が上昇しているサイン。

【竹】 アニマ グレートマザー

竹は成長のシンボル。今まで努力してきたことが、認められる日が近づいています。親孝行をすると、いいことがあるでしょう。夢で竹の葉が風に揺れていたら、朗報があることの前触れ。

【キノコ】 アニムス

思いがけない出来事が起こるシンボル。新しいことや可能性発見のチャンスを暗示します。毒キノコは、影で悪だくみをしている人がいるという警告。気をつ

けて。

【草】 グレートマザー

青々と生い茂る草なら、友人や動物と仲良くすると願い事がかなうというメッセージです。でも、あまりに茂りすぎて先が見渡せないような状態なら、何か邪魔が入るという警告です。

【花】 アニマ

花を見るのはリラックスを求めている暗示。花束をもらうのは、もっと人に認めてほしいという気持ちの表れ。夢に出てくるドライフラワーは美しい思い出と、過去へのこだわりを表します。思い出は心の中にしまって、未来を見つめることが大切です。

【バラ】 アニマ シャドウ

バラは美しさと愛情のシンボル。知識でもお金でもなく、心の豊かさが、皆に認められるために一番必要であることを暗示しています。バラのとげが刺さる夢は、愛の試練の始まりを意味します。赤いバラは激しい感情や警告、そして勝利。黄色いバラは直感や病気、ウソ、個性、自分をよく見せたい気持ち。白いバラは新しさや自己犠牲、死の象徴です。

【ひまわり】 アニマ シャドウ

ひまわりは天真爛漫さの表れです。友人たちと楽しいひと時が過ごせるはず。

【ユリ】 アニマ シャドウ

ユリは誠実さや純潔のシンボル。自分の考えを大切にする反面、かたくなになる可能性も……。

道具・小物

あなたが利用可能な能力やパワー

夢に登場するさまざまなアイテムは、すべてあなたの心の断片。一般的に身につけるものや使う道具は、あなたが〝活用できる要素〟を表します。本を手にしていたら、知性を武器に事に当たろうとしている、ナイフなら攻撃性によって道を切り開こうと考えているのかもしれません。ですが、あるアイテムに対し、どういう印象を持つかは人それぞれ。煙草に嫌悪感を抱く人もいれば、癒しを連想する人もいるでしょう。ですからキーワード事典の意味をベースにしながらも〝そのアイテムはあなたにとってどんな意味を持つのか〟を考えてください。また夢の中でその小物をどのように使っていたか（上手に使えていたか否かなど）、それによってどんな感情を抱いたかを思い出すのもよいでしょう。

【アクセサリー】

宝石の種類ごとに意味が異なる。
指輪は約束の証

【イヤリング、ピアス】 ペルソナ

もう少し受け身になること、人の意見に耳を貸す心の余裕が必要であることを表しています。

【ネックレス、ペンダント】 ペルソナ

人気運が高まっている状態です。ですが、あまりにも派手すぎるものは、あなたが見栄を張っている証拠。

【宝石】 老賢者 ペルソナ

人から宝石をもらう夢は、誘惑に負けることを意味します。ダイヤモンドは固い決意と理想を、ルビーは情熱、名声、成功を、エメラルドは心と体を癒すヒーリング能力、クリスタルは霊感を高める力を表します。宝石を身につける夢はそうした石のパワーを手に入れることを暗示します。

【指輪】 アニマ

指輪をもらう夢は、誰かに思いを告白されたり、何か重大な約束事をする暗示です。

【美容小物】

恋愛願望や恋のトラブルを示唆。
心の奥を見直して

【鏡】 ペルソナ

鏡に映っているのはもう一人のあなた。見知らぬ人が映っていたとしても、それはあなたの一面です。鏡に何も映っていない場合は、自分というものがわからなくなっているサイン。あなたを幸運へと導くカギを映し出します。曇った鏡は間違った情報を信じきってしまっていることを、鏡の中の自分が現実よりきれいなら、うぬぼれは禁物という暗示です。鏡が割れるのは強い自己嫌悪の感情を表しています。

【くし】 アニマ

女性性のシンボル。くしの夢を見たら恋のライバル登場という暗示も。くしで髪をとく夢は、あなたの魅力、そしてスピリチュアルな能力が高まっているという意味です。

【化粧品】 ペルソナ

もっと男性に近づきたい、ちやほやされたいという願望の表れです。人に言えない秘密を持つことも表しています。

【香水】 ペルソナ

香水をつける夢は大胆になりすぎていることの戒めです。空回りしやすいので、異性へのアプローチは控えめにしたほうが無難です。

【衣類】

何を着たか、似合うか否かを
思い出してヒントに

【ウエディングドレス】 アニマ

結婚に対する憧れがあることを示します。また現状に対して何らかの不満があり、強く「変えたい」と願っていることを暗示します。

【コート】 ペルソナ

コートを買ったり、着たりする夢は、あなたが今、弱い立場にあり、自分を守りたいと思っていることを暗示します。ですが、自分を守りすぎるのもいけません。しばらく耐え忍べば、幸運はやってくるでしょう。

【下着】

下着を着けていないのは、深い部分に不安があることを表します。下着を脱ぐ夢は、自分の本音をオープンにしたいという気持ちの表れ。無意識の態度や偏見を表します。色や形状が、その対象を知るためのサインなのでチェックしてみて。下着を見られて恥ずかしいと思うのは、自分の感情を抑圧していることの表れ。

【スカート】 ペルソナ

誰か重要なポジションにある人に目をかけてもらえる暗示です。それによって友人から嫉妬されるかもしれません。くれぐれも自惚れすぎないようにしましょう。恋愛運は絶好調という暗示です。

【制服】 シャドウ ペルソナ

社会のルールを暗示します。あなたが好んで制服を着ていたら、社会の常識やルールを身につけたいと思っています。逆に制服を変えたり、脱ぐ夢は社会常識を疎ましく思っています。

【手袋】

それほど努力せずに、棚ボタ的に思わぬ幸運が舞い込む暗示です。人から手袋をもらうのは、何か頼み事をされそうなムード。ですが面倒なことになりやすいので。安請け合いは禁物です。

【パジャマ】 ディバイン・チャイルド

誰かに甘えたい気分が高まっています。好きな異性がパジャマ姿で登場するのは、あなたの思いが届くということの表れ。

【ハンドバッグ】

女性の子宮を表すアイテムです。壊れたハンドバッグやくたびれたバッグは婦人科系のトラブルを示すことも。大切なものをバッグに入れて持ち歩くのは、子宝に恵まれる暗示である可能性も。空のバッグは愛する人やその人から得ていた安心感が失われること、またその恐れを表しています。

【服】 ペルソナ

あなたが他人からどう見られているかを暗示しています。夢の中で似合う服を身につけていれば、周囲に好印象を与えているという意味。似合わない服、または場違いな服を着ている夢は、自分をうまくアピールできていない、あるいは誤解を与えている、という警告です。服を脱ぐ夢は、今の立場を変えたい、違う自分を見てほしいという願望の表れ。お店で服を見ているのは、恋愛運が上昇しているサイン。小さすぎてキツイ服は、社会的地位や職業にがんじがらめになっている状態を表します。華美な服装は、自らを偽装して他人を欺きたいという気持ちの表れ。

【帽子】

王冠や背の高い帽子は、権威の象徴。これからあなたにスポットライトが当たりそう。帽子を落としたり奪われる夢は、分不相応なポジションにあり、それが誰かに奪われることを象徴しています。

【鎧】

重い衣服や鎧を身につける夢は、過剰な自己防衛を表します。もっと肩の力を抜いて、気楽に世間とつき合うようにすべき。それほど自分を守る必要はない、というサイン。

【家具】

生活や周囲に対する暗示。
並び方に注目して判断を

【椅子】

きれいに椅子が並んでいたら、何かを決断すべき時が近づいている証拠です。

【机】

机がきちんと整理されていたり、きれいな置物が飾られていたら、充実した毎日が送れる暗示です。机の上が散らかっていたなら、努力が実らない日々を暗示。

【ベッド】

ベッドにいるのがあなた一人なら、もっと家族と仲良く過ごしたいという気持ちの表れ。ベッドの上で遊んでいるなら、もっとわがままが言える時です。ベッドに寝ている人は、あなたの真の友人です。

【本棚】 アニムス

たくさんの情報があなたのもとに訪れているという暗示。膨大な情報に翻弄されていませんか？　人のうわさに惑わされている可能性も……。冷静な対処が必要なようです。

【電気製品】

人間関係・将来に関するヒントが隠された夢

【掃除機】 アニムス

掃除機をかける夢は、問題を一気に解決しようとして焦っている証拠です。友人からの遊びの誘いを待っていることも表します。

【テレビ】

テレビを見る夢は悪知恵の働く人に騙される、いいように利用されるという意味です。

【ライト】 ディバイン・チャイルド

夢や希望のシンボル。明るいライトは健康運、家族運が好転する暗示。暗いライトは将来への不安があることを表しています。

【ラジオ】

夢の中のラジオには、あなたにとって重要なメッセージが隠されています。放送されていた内容や言葉を思い出してみてください。

【印刷物】

今までのやり方の反省や未知への不安などを象徴

【絵画】

絵が上手ならば、あなたの技能や能力が向上しているサイン。下手な絵は精神的な不安定さ、未熟さを表しています。鮮やかな色彩は、本人の無意識のエネルギーが高まっている証拠。くすんだ色は、本当に大切なことを見えないように覆い隠そうとしているサイン。

【教科書】

これまでと同じやり方では、これからはうまくいかなくなることを暗示しています。自分の頭で考えて動くことが必要になってきます。

【雑誌】 ペルソナ

現実から逃げ出したいという強い気持ちを表しています。特にがっかりすることがあった直後に見ることが多い夢です。

【辞書】

未知の経験、初めてのことに対する不安と期待を表します。やったことのないものにチャレンジする前などによく見る夢です。

【書類】

山積みになっている書類は、自分の地位が脅かされるのではないかという不安。課せられている責任や周囲の要求とあなたの能力のバランスが取れておらず、処理能力の限界に達している可能性大。十分に仕事をこなせていないことにコンプレックスを抱いている可能性も……。

【新聞】 アニムス

他人の言うことに惑わされているという警告。もっとしっかりと自分の意見を持つことが大切です。

【本】

向学心が旺盛になっているサイン。勉強する意欲がどんどん湧いてきているので、どんどん新しいことを学ぶと吉。人から本をもらう夢は、知識不足のしるし。

【日記・手紙】

日記は「自己反省」を促す証。手紙は悪い知らせほど幸運

【日記】 ディバイン・チャイルド

自分を大切にしていることを意味しています。日記をつける夢は、自分のことばかりに夢中で、他の人への気配りが足りないという忠告でもあります。自分の世界にばかり閉じこもっていないで、もっとオープンになることが必要です。

【手紙・メール】 老賢者

よい内容の手紙ならば、悪い知らせが来るのではないかという心配をしていることの暗示。逆に悪い内容の手紙だった場合は、よいニュースが届くことを表しています。誰かに手紙を書いている夢は、その相手に対するあなたの気持ちに偽りはないというメッセージです。メールも同様に考えてください。

【文房具】
文房具は意志の強さ、弱さ、未来への希望を暗示する

【ペン類】
自分の考えをもっと人に伝えたいと思っている証拠です。

【消しゴム】
文字などを消している夢は、何か忘れたいことがあるしるし。消しゴムを探す夢は、自分が「恥をかいた」と強く思っていることを表します。

【ノート】 ディバイン・チャイルド
真っ白なノートはこれから起こることへの期待感を表します。すでにいっぱいの書き込みがあれば、同時にたくさんのことをやりすぎている暗示。どれか一つに絞って集中すべきという警告です。

【はさみ】 アニムス
よく切れるはさみは、友人と会えなくなる意味です。はさみがうまく使えない夢は、意志の弱さを表しています。

【時計】 老賢者
心臓の象徴。人生の情緒的な側面を表しています。止まっている時計は、感情が動かず無味乾燥な日々を送っていることへの警告。

【トロフィー】
人々の称賛を集めたい、勝利したいと思っていることを表します。

【操り人形】 ペルソナ
誰かを操作したい、権力を行使したいという気持ちの象徴。もしくは自分が誰かに操られている、背後で誰かが糸を引いている、という気持ちがあることも暗示。

【仮面】 ペルソナ
あなたが外側に向けて表現している自分自身を表します。仮面を外せなかったり、他人に無理やりかぶらされる場合は、自分が曖昧になっていたり、自己確立ができていないサイン。

【武器】

別れや目的達成など
人生のターニングポイントを表わす

【剣・ナイフ】 アニムス

トラブルを象徴するアイテムです。剣やナイフであなたが刺される夢は、大切な誰かと別れる暗示。あなたが使う夢は攻撃性が足りず、何事に対しても消極的になりすぎている傾向を指摘しています。

【爆弾】 アニムス

人生の何もかもを変えたいという気持ちの表れです。不発弾だった場合は、期待はずれという暗示があります。

【ピストル】 アニムス

男性性の象徴です。男性的なエネルギーに対する憧れがあり、堂々と行動したい、相手を打ち負かしたいと強く願っていることを表します。また何かを恐れている場合にも登場するシンボルです。

【弓矢】 アニムス

弓矢を持っているなら、目標達成は目前という意味です。弓矢を誰かに向けている夢は、その人に何かいいことがあるという暗示。

【そのほか】

身近にある小物ほど
自分を見つめ直すヒントをくれる

【糸、ひも】 グレートマザー

からんだ糸やひもは、乱れた心の状態を表しています。もつれた糸やひもをほどく夢は、迷いがなくなり、目的に向けて進む覚悟が決まった、という暗示です。

【絵・落書き】

自分のことを見つめ直す時。絵を描く夢はあなたの将来が決まりかけている暗示です。

【お金】

お金の額はあなたの野心の大きさを表しています。お金をなくす夢を見たら、しばらくの間は出しゃばらず、おとなしくしているのが吉。

【音楽】

夢で流れる美しい音楽は、創造の無限の可能性を象徴。アーティスティックな才能が高まっているサインです。不協和音は、才能が抑圧されていることの表れ。

【カーテン】

カーテンがうまく開かず、ひっかかっていたら、だらしない生活を反省しなさいという警告です。

【貝殻】

無意識を表すシンボル。イマジネーションが豊かになっているので、すばらしい作品を生み出せることも。

【鍵】 アニムス

鍵をもらう夢は、これからあなたの将来にまつわる大切な情報を手に入れることを表しています。鍵をなくすのは、秘密がばれることの警告。

【楽器】 ディバイン・チャイルド

楽しくつき合える人間関係ができることを表しています。

【カップ】 グレートマザー

女性性を象徴するシンボル。愛と真実の象徴ともされ、惜しみない愛をそそがれる前兆。

【気球】

現実から逃げ出したい、という逃避願望の表れ。また悩みに直面しており、客観的に物事を見なければならないと考えていることも暗示。

【汚いもの】 シャドウ

きれいでいたいという気持ちの表れです。お金の象徴でもあり、汚いものをさわったり、もらう夢は金運がアップしていることのサインです。

【切符】

切符を手に入れる夢を見たら、新しいことを始めるチャンスというメッセージです。

【薬】

困難にぶつかる暗示です。もしもくじけそうなら、我慢しないで周囲に助けを求めてください。

【太鼓】

目立ちたいという気持ちが高まっていることの象徴。それがもとでトラブルになる可能性もあり。

【凧】

素晴らしいアイデアが湧き上がっているように思えても、結局、それほど生産性がないことを表します。

【煙草】 シャドウ

ネガティブな感情を表すシンボルです。そうした気持ちがあなたの中に蓄積していることも。煙草を吸っている人が出てくる夢は、誰かがあなたに悪意を持っていることの表れ。

【地図】

将来の自分の姿を暗示しています。地図が大きければ、自信を持って行動できるでしょう。特に地図の中の海の面積が広いほど、愛情いっぱいの生活を送れるでしょう。

【トランペット】

声を大にして言いたいことがあるのでは？　勇気を出してそれを口にすればきっと楽になるはずです。

【人形】 ペルソナ

自分自身を象徴します。ぬいぐるみの場合は、安心感や感情に流されやすいこと、誰かに包んでほしい、恋人と触れ合いたいという気持ちの表れ。

【羽】

プレゼントをもらえる暗示。くれた人に感謝の気持ちを存分に示せば、その人との関係がこれを機にいっそう深まりそう。

【笛】

本能的なエネルギーがアップしています。セクシャルな魅力も向上しているので、異性にモテる時と言えます。

【プレゼント】

誕生日などにたくさんのプレゼントをもらう夢は、それだけあなたが周囲の尊敬を集めている証拠。タイミングの悪いプレゼントは、ありがた迷惑に悩まされている暗示。プレゼントを買うのは、その人に対する愛情の証。高価であればあるほど、その相手に尽くしたいと願っていることを表します。プレゼントを拒絶される夢は、その人に対して勝手なイメージを押しつけていたり、本当の意味でその人のことを理解していないことを表します。もらって不安になるプレゼントは、誰かに目をつけられている暗示。

【ボードゲーム】

チェスやオセロなどのボードゲームを夢の中でしていたら、それはあなたの人生そのものを表している可能性が高い。そのゲームの成り行きに注目して。

【むち】

人間関係において権力を行使したい、誰かを支配したいと思っていることの表れ。

【ろうそく】

男性性を象徴するシンボル。異性に対する欲望、セクシャルな体験に対する憧れの気持ちを抱いている。

食べ物

手に入れたいもの あるいは性的欲求の象徴

何かを食べる夢を見たら〝何を食べたか？〟に着目してみましょう。なぜなら夢の中で食べたものが、あなたが欲しいと思っているもの、手に入れたいと考えているものを表すケースが多いのです。つまり「口に入れる＝自分のものにする」ということ。それは物に限らず、あなたが知りたいと思っている知識であったり、これから〝こうなりたい〟と思っている理想の自分を象徴する何かかもしれません。

そしてもう一つ、〝食べる〟行為は性的な欲求の高まりを示すシンボルでもあります。他人を受け入れたい、愛したい……そうした欲求が〝食べる〟夢となることもあるので、自分の今の心境を振り返りつつ、意味を探ってみるとよいでしょう。

【穀類】

穀類は恋の成就、金運アップの夢。秘めた願望が表れることも

【ご飯・米】 グレートマザー

古くから財産のシンボルと言われています。ご飯を食べる夢を見たら、物質運、金銭運が上昇します。臨時収入があったり、おごられたりする可能性も大！

【パン】

愛のシンボル。パンを焼く夢は、恋が実る前兆です。誰かがパンを焼いてくれるのは、身近な人が結婚する暗示。またあなた自身の結婚願望の表れでもあります。

【麺、パスタ】 グレートマザー

麺類の夢は変化を恐れる気持ち、そして現状維持を望んでいることを表します。友情を長続きさせたい、学校や職場を変わりたくないという意味が含まれています。

【豆】 グレートマザー ディバイン・チャイルド

豆はもっと成長したいという欲求の表れです。現状を改善したい、もっと発展していきたい、という気持

ちがあふれています。豆を食べる夢は、健康になる前兆。力が充実しつつあることを表します。

【魚・肉料理】
魚料理の夢は性的シンボル。

肉料理は休養の暗示

【魚料理】 グレートマザー
魚は性的関心のシンボル。男性との関わりが深まることを表しています。また願いがかなったり、金運が上昇する暗示も。さらに母親とも今まで以上に仲良くなれそうです。ただし、魚を焼きすぎるのはチャンスを逃すという意味なので注意。

【肉料理】

バイタリティーが不足しています。栄養があるものを食べて、ゆっくり休みましょう。おいしく肉を食べている夢ならば、楽しいグループに仲間入りする暗示です。

【ソーセージ】 アニムス
性への関心が強まっています。悪い誘惑に負けやすい傾向もあるので注意が必要。

【野菜】
野菜は刺激を求める思いが増す。

情熱的な恋に縁がある

【キャベツ、レタス】

何か心配事があるのでは？ 秘密の恋がスタートする暗示も。

【きゅうり】 アニムス シャドウ
恋人に対する不満があることを表します。思いきって相手に打ち明けてみては？

【サラダ】

サラダにドレッシングをかける夢は、生活にもっと刺激が欲しいという欲求不満な状態であることを表しています。また「もっと野菜を摂ったほうがいい」という警告である可能性も。


【じゃがいも】

生命力にあふれている時。根気があるので、どんなことも粘り勝ちできるでしょう。

【トマト】

情熱的な恋を体験する予感！　身を任せてみれば刺激的な体験ができるかも……。

【ニンニク、ネギ】

プレッシャーに押しつぶされそうになっている心を表します。嫌なことや面倒なことを押しつけられるかもしれませんが、やり遂げればあなたの成長につながるはずです。

【お菓子】

お菓子は恋の進展、金運上昇の前兆。
誰と一緒に食べたかがカギ

【お菓子・おやつ】 アニマ

甘いものは恋の予感を表します。お菓子を食べる夢は恋人ができる暗示。お菓子をもらうのは、意中の人から告白される可能性大！　自分でお菓子を焼く夢は恋のチャンス到来のサインなので、積極的になって。お菓子を分け合う夢は、その人ともっと仲良くなれる機会が訪れることを表しています。

【アイスクリーム】 ディバイン・チャイルド

楽しむことを我慢している時によく見る夢です。プライベートを抑え込んで、仕事ばかりになっている日々に、もっと潤いが必要であることを示しています。

【せんべい】

金運が上昇中のサイン。努力した分だけ見返りがある時なので、まさに頑張り時です。積極的に自己アピールをしていって。

【チョコレート】

恋のシンボル。誰かと一緒に食べているなら、その相手と恋人同士になる可能性も！

【飲み物】

趣味が広がるなど新展開を表わし、
開放的な恋に縁も

【酒】 アニマ

セクシャルな関心が高まっているサイン。もっと自由に男性との関係を楽しみたい、という欲求が高まっています。

【紅茶】 アニマ

交際範囲が広がりそうです。喫茶店で紅茶を飲んでいたら、あなたが退屈しているという意味。刺激を求めて外に出ると吉。アップルティーやジャスミンティーなど香り高い紅茶を飲んでいる場合は、ロマンチックな恋が訪れる予兆です。

【コーヒー】

楽しい趣味が持てる時。あなたにコーヒーを飲む習慣がないなら、年上の人との恋の予感も。

【スープ】

スープを飲む夢は甘えたいという気持ちの表れ。スープを作る夢は優しい気持ちになっているサイン。人気運が高まります。

【ミルク・牛乳】 グレートマザー ディバイン・チャイルド

子供のように素直な気持ちを持つこと。物事を難しく考えすぎているのかもしれません。ピュアな視点で見れば、現状打開のカギが見つかります。

【そのほか】

嫌いなものが出てきたら、コンプレックスを克服せよ

【おいしい食べ物】

孤独感を感じていることの表れ。未来に不安を抱いているのかもしれません。

【嫌いなもの、食べられないもの】 シャドウ

嫌いな食べ物はコンプレックスの象徴。それを食べる夢は嫌なことにも立ち向かえば克服可能という暗示です。食べられないものは、その食べ物があなたにとって受け入れがたいものの存在を暗示しています。

【塩】

塩を振る夢は嫌なことを忘れようとしている証拠。塩の容器がクローズアップされた場合は、金運上昇中のサイン。昇給や臨時ボーナスがあるかも！

【卵】 ディバイン・チャイルド

大きな可能性の象徴。新しい恋や出会いがありそうです。卵をもらう夢は恋の告白、卵料理を作るのは恋の準備が整っているサインです。腐った卵は、何かを

あきらめた時に見ることが多いでしょう。

【果物】 アニマ アニムス

とくにオレンジなどは、名誉や成功の象徴。これまでの結果が表れます。一方で、果物をもぎ取るなどの行為には、性的なニュアンスがあることも。人生の楽しみを表します。

【なつかしい食べ物】

昔に戻ってほっとしたい気持ちの表れ。母親の思い出につながっている場合もありそうです。現実にたいへんな思いをしているが、子供時代に戻って安心感を得たい気持ちの表れです。

【野外料理・バーベキュー】

自分で焼いて食べる夢は、自分の欲求に主体的に取り組んでいることを表します。よい徴候の夢。人に焼いてもらっている場合は、人任せにしている甘えの気持ちがある時。

【ファーストフード】

急いで食べている夢は、焦りの気持ちを暗示しています。何かを少しでも早く手に入れたい、という切迫した気持ちを表しています。

【弁当】

おかずがいろいろ入っているお弁当は、愛情面で満たされている状態を表します。食べる夢は欲求を満たそうというエネルギーの表れですが、おいしく食べている場合は、現実でも恋愛の場面などで、満足感を得られる状況にある時です。

乗り物

今、歩んでいる人生の全体像イメージ

〝あなたが考えているあなたの姿〟それが自我です。そして夢の中に登場する乗り物はこの自我を象徴すると考えられています。どんな乗り物に乗っていたか、その乗り物にどんな印象を抱いたかによって、あなたが今「どのような人生を歩んでいると自分で考えているか」を知ることができます。

電車に乗ってレールの上を淡々と走る夢は、規則正しく安全ではあるものの、どこか退屈だと感じていたり、曲がりくねった道をスピードを上げてドライブする夢は、かなりスリリングな人生を送っていることの表れと言えるでしょう。この場合も、乗り物だけでなく、乗っている時の状況やどんな感情を抱いたかについてもチェックしてみましょう。

【交通機関】

目的地が人生の目標を表わす。
未来を見つめる道標に

【タクシー】 アニムス

目の前の利益にとらわれており、長期的視野で物事を判断することができなくなっています。その結果、大事なものを失ってしまう可能性も……。またタクシーに乗って急いでいたら、一兎を追う者二兎を得ず。それを得るためには他の何かを犠牲にする必要があることを警告しています。

【地下鉄】 シャドウ

地下の世界は無意識を表しています。目的地まで地下鉄で行く場所は、あなたが気づいていない、人生の目標を象徴しています。同時に直感力という意味もあり、インスピレーションが高まっていることも表します。

【電車】

電車は人生の方向性を暗示しています。目的地はあなたの目標。乗客は人生の途中で関わる人たちを表します。乗り換えは、進路や人生の選択の時期が近づ

いていることを知らせています。電車に乗っている人を見送ったり、一緒に乗っていた人が途中で降りたら、遠くない未来、その人との別れがあるサイン。

【バス】

電車とほぼ同じ意味。しかし、バスの行き先が象徴するあなたの進路は簡単に変えられることを示します。観光バスなら、一緒に乗った人との結びつきが強くなるという暗示です。

【飛行機】 アニムス

好奇心や冒険を表します。飛行機に乗る夢は現在の毎日に退屈していることを表します。もっと新しいこと、新しい人生にチャレンジしたいと内心思っているのでは？　一緒に乗った人はあなたと同じ運命をたどる人です。飛行機を操縦する夢は自由へ欲求が高まっている証拠。そのために周囲の人を振り回すことになるかもしれません。飛行機が落ちる夢は、何かを恐れている暗示です。

【船】 グレートマザー

大きな船に乗る夢を見たら、心の安らぎを求めています。船から降りるのは、束縛から逃げたがっていることを暗示。船が沈没する夢は今の生活を失うのではないかという不安があなたを襲っていることを表します。

【自動車・自転車】

自動車・自転車は生活への不満や願望の表れ。自動車は健康面の暗示

【自動車】 アニムス

自動車はあなたの肉体のシンボル。大きくてしっかりしていたら、健康状態は良好であるというしるし。あなたが車を運転する夢を見たら、能力以上のことを無理にやると失敗するかもしれないという警告です。特に慎重になりましょう。

【自転車】 アニムス

あなたの行動力を表します。自転車でどこかに行く夢は、友人を増やしたり、趣味を広げたいと思っている証拠。自転車にうまく乗れない夢は気持ちが乱れていることを示しています。

【バイク】 アニムス

自由になりたいという願望の表れ。オートバイで山

や川など自然が豊かな場所に行くのは、現在の生活に不満を感じており、もっと安らぎが欲しいと感じているサイン。

【エスカレーター・エレベーター】

上昇するなら幸運、下降なら落胆する出来事を示唆

【エスカレーター】

小さな望みを表します。エスカレーターで上がる夢は、幸運の訪れを暗示。逆にエレベーターで下がる夢は、何かをあきらめざるをえない状況が待ち受けているサインです。

【エレベーター】

大きな望みを表します。エレベーターで上昇する夢は、目標を達成できる暗示。逆に下降はがっかりするようなことが起きる暗示です。降りた場所が地下なら、無意識への関心が高まっている証拠です。スピリチュアルなレベルでの変革が近づいているのかもしれません。エレベーターが途中で止まったり、扉が開かない時は、今、進行中のことが中止になったり保留になる可能性を示唆しています。エレベーターが落ちる夢は、不吉なことが起こるのでは、という不安にさいなまれていることの表れ。

【そのほか】

その他の乗り物は現状や精神状態を表わす。乗っている時の心理に注目

【救急車】

何か思わぬ出来事が起こりそうです。不測の事態に対して、心の準備をしておきなさいというメッセージ。誰かが救急車に乗せられる夢は、その人があなたに助けを求めているサインです。

【ジェットコースター】 アニムス

スリルを求めています。日々の暮らしに退屈していませんか？　部屋の模様替えをしたり、新しいことを始めたりして、ちょっとした変化をつけてみましょう。

【消防車】 アニムス

あなたの努力を表します。夢で消防車を見たり、乗っ

ていたら、トラブルが発生しても心配無用。あなたの力で必ず解決できることを暗示しています。

【パトカー】 アニムス 老賢者

パトカーは権力の象徴です。あなたがパトカーを運転する夢を見たら、もっと社会的な力が欲しいと願っていることを表します。パトカーに追いかけられていたら、悪いことをしてしまったのではないか、という罪悪感が、あなたの行動の妨げになっていることを暗示しています。

【ヨット】 ペルソナ

遊び心を表します。ヨットに乗った夢は、ラッキー。好きなことをしながら、周りの人とも調和的な関係を育むことができるという意味です。

【霊柩車】

心の成長を表します。誰かが霊柩車に乗せられるところを見たら、あなたがその人を憎んでおり、その人に消えてほしいと思っているしるしです。

【ロケット】 アニムス

飛行機とほぼ同じ意味合いですが、より空想的になります。あなたの冒険プランは現実離れしすぎていて、実現するのはかなり難しそう。でもすぐにあきらめず、目標に近づこうとすれば、いずれかなう暗示。

【飛行船】

人任せでどうなっていくかわからない不安定な状況を暗示しています。自分の力ではどうにもならないが、進むしかないという状況。地上でたくさんの見物人がいる場合は、注目されたい願望の表れです。

【メリーゴーランド】

子供の頃に戻って解き放たれたい、無心になりたいという願望の表れ。または恋愛の状況を暗示しています。同じところをぐるぐる回って前に進まない、いら立ちの気持ちを表しています。

【パラシュート】

上空からふわりと降りてくる夢は、精神的に不安定な状態ですが、着地するので、心の余裕がありそうです。物事の決着がつきそうだ、という時に見やすい夢です。

自然・風景

目にした光景がそのまま心の状態を表している

夢に出てくる場所は、あなたの心の状態を表しています。例えば嵐の夢ならば、あなたがどんなに「今、自分は落ち着いている」と思っていたとしても、無意識下では激しく動揺していることもあるでしょう。また砂漠の中に水をたたえたオアシスの情景を見たならば、どんなに現実が無味乾燥な生活の繰り返しのように思えても、心の奥底ではみずみずしく新しい可能性が湧きあがっているかもしれません。またどこかの部屋にいる場合は、その雰囲気をじっくり思い返してみてください。

本が乱雑に散らばっていたら、多くの情報に翻弄されている、整理整頓されているけど、どこか殺風景ならば、もっと生活に潤いが必要であることを表しているかもしれません。

【天候・自然】

心の「天気」も予報が難しい。穏やかな状態なら幸運

【朝】

運がアップしてきたことを知らせるサイン。苦しみの終わりや、長い間の努力が実を結ぶ暗示です。

【雨】 アニマ アニムス

思いがけない幸運の訪れを表します。土砂降りの雨なら感情が高ぶっていることを暗示します。

【嵐】 アニムス シャドウ

よくない知らせやハプニング発生の暗示です。それによって波乱が訪れますが、一掃された後はスッキリとした気持ちになれるはず。

【池、泉】 アニマ

水面は心の状態です。澄んでいたなら、心の安定と直感力が上昇している暗示です。波打っていたら、心配事で心が惑わされていることの表れ。

【岩】 アニムス

岩は可能性を意味し、大きければ大きいほど、可能

性があるということ。ただし結果が出るまでには時間がかかります。頑固になりすぎていることを警告するサインの場合も。

【宇宙】
新しいことを始めたり、作り出すチャンス。創造性にあふれています。

【海】 グレートマザー
穏やかな海は、幸運を表します。荒れた海は周りの状況に翻弄されやすくなっているので、しっかりと自分を持つことが必要、というメッセージ。

【影】 シャドウ
影は認めたくないもう一人の自分です。影が自分から離れたり、影に襲われる夢は、自分の気持ちに対して正直ではない、つまりウソをついていることの暗示です。

【崖】 アニムス
一か八か、思いきった決断を迫られそうです。崖の印象が恐ろしいものではなく、楽しげであった場合は、楽しいデートができそうです。

【風】 シャドウ
今までのこだわりや、束縛から解放されることを暗示します。素晴らしいアイデアや、夢の実現に近づくためのキーパーソンとの出会いがある可能性も。

【雷】 アニムス 老賢者
ハプニングの暗示。これまでかたくなに信じていた価値観が崩壊し、今までの人生をガラッと変えることも。またそうしたほうがいい、というサインです。

【川】
人生の岐路に立った時に、よく見る夢です。川を前に立ち往生するのは、まだ変化を恐れる気持ちがあり、心の準備ができていないことの表れ。川を渡るのは、新しい世界への旅立ちを暗示。

【季節】
夢の中で季節が移り変わっていくことは、あなたの心の中で何か大きな変容が起きていることの表れ。季節が逆に移り変わる場合は、休養が必要であるというサイン。

【雲】
白い雲はよいことが起きる前触れです。黒い雲が広がったら、心配事や悩み事が増えそう。

【くもり】
憂鬱な気分を表します。雲がだんだん晴れていくなら、運気上昇中。気分も晴れていくはず。

【暗闇】 シャドウ

今までの生活を振り出しに戻し、再出発したいという気持ちでいっぱいです。もし暗闇に危険を感じたら、現実でも注意する必要あり。

【煙】

白煙はよいニュース、黒煙や他の色は悪いニュースの訪れです。煙にむせるのは、人の噂によって被害をこうむる時。自分でも噂話をするのは厳禁です。

【洪水】

本能の力がセーブできなくなっていることの表れ。きちんとどこか発散することが大切です。

【氷】

感情が冷淡になっていることの表れ。情熱が低下していて、人生がマンネリに陥っているサイン。自分で自分に無関心になってしまっていることも。

【砂漠】

無気力、絶望、あきらめの気分です。砂漠に不安を感じなければ、心機一転スタートする心構えができたことの表れ。

【地震】

親しい友人や家族に何かのトラブルがある警告です。味方だと思っていた人が敵になる場合も……。注意深く観察を。

【空】

晴れ渡った青空は、すがすがしい気持ちを表します。幸運に恵まれるので、何事もトライして吉。

【太陽】 アニムス ディバイン・チャイルド

明るく輝く太陽は、自信にあふれた明るい未来が待っているという意味です。成功運が高まっている証拠。沈む太陽や暗い太陽は、体力や気力がダウンする暗示。

【滝】

物事がスピーディーに進む暗示。滝から落ちる夢は、重大な決断を迫られるという意味です。

【谷】

ストレス過多になっている様子。リラックスできる場所や時間をしっかり生活の中に確保して。

【月】 グレートマザー

新月は幸運なチャンスの訪れを、満月は潜在能力が活性化している証拠。月食はよくないことを暗示。

【洞窟】

洞窟に入ったり、くぐり抜けたら困難なことから抜け出せる暗示。悩み事は解決します。

【虹】 *アニマ*

きれいな虹はいいことが訪れる予兆。期待して待っていてOK。

【沼】

沼の中を歩くのは、感情が制御できない暗示です。周りの人に迷惑をかけていないか、振り返ってみる必要がありそう。

【火】

あなたのパワーが高まっている証拠。同時に何か忘れたいことがあるのかもしれません。そうした過去の傷を浄化したいと思っていることの表れである可能性も。

【光】

光を見る夢は、あなたの精神レベルがワンランク上がろうとしていることの表れ。スピリチュアルな能力が芽生えることも。

【星】 *アニマ* *ディバイン・チャイルド*

明るく輝く星は、目標が決まってそれに向かって頑張れるという暗示です。流れ星の場合は、思わぬバッドニュースが飛び込んでくる予感。

【山】

あなたの目の前に障害や乗り越えなければならないことがあることを暗示します。でもそれを乗り越えれば、ひと回り成長した自分に変身。

【夕焼け】

ロマンチックな恋を体験する予感です。でも夕焼けの赤さばかりが印象に残った場合は、興奮しすぎている状態。冷静さを取り戻す必要がありそう。

【雪】

変容と浄化のシンボル。雪が解けることは、恐れや不安が消えつつあることの表れ。一歩、踏み出すべき時が来ています。

場所・建物

「場所」は心の中の心象風景
孤独に山道を歩いていたら…。

夢の中に出てくる「場所」は、心の中の心象風景を表しています。

自分がいる世界を自分がどんなふうに見ているのか、あるいは自分の心理状態がどんな状況にあるのかを表しています。

たとえば、孤独に山道を歩いているということであれば、きっとあなたは人生の日々が孤独な試練のように感じているということでしょう。一方で、友人の中に囲まれているということはたくさんの人との交流があるということ。

また建物は、ときにして自分の身体を表していることもあります。自分の家が壊れているというような夢は、体調を自分でもう一度チェックしてみることが必要かもしれません。

【場所・施設・建物】

建物の夢は建築物の状況や
訪れた時の感情に重大なヒントがある

【家】

家はあなたの心の状態を表します。家が大きく、平和な状態なら、落ち着いた気持ちでいるようです。明かりが消えている家、暗い家の場合は、愛する人を失った悲しみを象徴しています。

【映画館】

暗い映画館の夢は秘密を持っている暗示。ぼんやり映画を観ているのは、無気力さの表れ。

【駅】

電車を待っているのは、何かに対して準備中であることを示します。混んだプラットホームは心にさびしさを抱えていることのサイン。

【風呂】

古い自分を脱ぎ棄てて、生まれ変わりたい、イメージチェンジしたい、という願望の表れです。

【店】

お店で売っていたものは、あなたが本当に欲しいと思っているものを表します。そのアイテムのページを参照してください。閉店間際にかけこみ、目当ての商品を手に入れられれば、チャンスをものにできる暗示。陳列棚が高すぎるなど手が届かなかったり、選びきれなかった場合は、せっかくのチャンスを逃していることを表します。

【外国】 シャドウ

自分が外国にいる夢は、環境に変化が起こる予兆です。恐れずに、勇気を出して飛び込めば、新しい人生が始まるはず。

【階段】 アニムス

階段を上って先が見えたら、あなたの努力はいずれ実るという暗示。先が見えなければまだまだ頑張る必要があるというメッセージ。

【学校】

昔、通っていた学校が出てくるのは、現状に対して何らかの不満を抱いている証拠。

【壁】 シャドウ

目の前をさえぎるように出てきたら、現実にも障害や邪魔をする人がいるという暗示です。

【カラオケ店】

何か声を大にして言いたいことがあるようです。皆の注目を集めたいという気持ちも。

【教会・神社・仏閣】 グレートマザー 老賢者

悩みが解決することの予兆です。教会に入るのは、母親に頼りたい気持ちを表しています。

【銀行】

お金を下ろす夢は、自分に眠っていた新しい才能に気づく暗示。

【空港】

アイデア力が上昇中。可能性に満ち溢れており、成功のチャンスをつかめる暗示も。

【公園】

きれいな公園は新たな恋の訪れを予感しています。

【坂】

上り坂を歩くのは、人気や評判が上がっているサイン。下り坂は人気がダウンすることへの恐れを暗示。曲がりくねった坂は、思わぬハプニングが発生する予感！ 用心して。

【島】

島を探す夢は、一人になりたいという気持ちの表れ。あるいはすべてを他人のせいにしている可能性も。

【神聖な場所】 老賢者

魂の奥深くにある聖なるものへの憧れ、そして目には見えないスピリチュアルなものを認める気持ちが芽生えています。日常的価値観を捨てることで、精神的に大きく飛躍できるはず。

【ダム】

水をたっぷり蓄えているダムは、あなたの想像力や能力が高まっていることの暗示。決壊するダムは、抑圧していた怒りが爆発寸前であることの表れです。

【地下室】 シャドウ

あなたの本音を表します。散らかっている地下室は心の中が混乱していて、戸惑っていることの象徴です。

【デパート】 ディバイン・チャイルド

いろいろな可能性や選択肢があって、迷っている状況を表します。最終的に買ったものが、今のあなたに必要なものです。

【ドア】 ディバイン・チャイルド

新しい世界やチャンスの訪れを表します。外に向かって開く扉は、他人にオープンな姿勢を、内に向かって開く扉は、自分自身に興味が向いていることを表します。鍵がかかっている場合は、もっと技術や知識を身につける必要があることを指摘しています。

【トイレ】

トイレがきれいだったら金運がアップします。汚れていたら散財に注意。トイレが見つからない夢は、自己表現をしたいという気持ちと、それに伴う恐れがせめぎ合っている状態を表します。トイレが使用中だった場合は、他人の地位や才能に憧れを抱いていることを暗示。トイレがあふれてしまう夢は、感情が制御不能になりやすいことを表しています。

【塔】 ペルソナ

そびえたつ塔はプライドの高さを表します。塔が崩れたら自信をなくす出来事があるかも……。

【図書館】

アイデアと知識の宝庫を表します。あなた自身の知性が急速に高まっている暗示。意見を発表すると大きな反響が得られるかもしれません。他の利用者に邪魔をされたり、目当ての本が見つからない場合は、集中力や判断力をもっと鍛える必要がありそうです。

【トンネル】
先の見えないトンネルの中で焦っていたら、現実にも大きな問題を抱えているという暗示。

【墓】 シャドウ
古い友人や昔好きだった人との再会が近いうちにあることを暗示。

【博物館、美術館】 老賢者
ノスタルジックな気持ちになっています。思い出の場所、昔に戻りたいという思いがあるのでは？

【橋】
橋を渡る夢はスランプを抜け出すグッドタイミング。これからどんどん成長していけるはず。

【病院】
自分の治療のために行くなら、健康やケガに注意。現実でも同じ部分を悪くする可能性があります。それ以外はもっと休息を取りたいという欲求の表れです。

【踏切】
警告の夢。うっかりミスに注意しましょう。

【部屋】
部屋の中は心の状態そのもの。もし部屋が散らかっていたら、考えが混乱しています。

【ホテル】
環境、もしくは人づき合いにおいて、変化がある暗示。ですがそれは一時的なもので、あなたがここから先に進むためには通らなければならない試練。あまり不安に思わないことです。

【窓】
窓から外をのぞいていたら、冷静な精神状態を暗示。好奇心が旺盛になっており、何かを学べばみるみる吸収できるはずです。

【道】
夢に出てくる道は、現在の運勢やあなたを取り巻く状況を暗示しています。わかれ道や十字路の夢の場合は、何か決断を下すべき時が近いことを教えています。真っすぐな道ならば、迷いがないことを、細い道なら人の力を借りずに一人でやっていこうと決意していることの表れ。

【未知の場所】 シャドウ
あなたに眠っている未開拓の才能のありかを示しています。未知の場所を楽しく歩いていたら、もっと自分を積極的にアピールしたいという気持ちが高まっている証拠。不安な気持ちで歩いている場合は、慎重になりすぎたあまり失敗してしまう可能性が……。

【迷路】

夢に現れる迷路は、無意識を表しています。迷ってしまって不安を感じたなら、まだ心の準備が整っていないということ。

【門】

人生の変わり目に見る夢。門の向こうには、いろいろなヒントが待っていることを暗示しています。

【遊園地】

夢ばかり追っていて現実味がない様子。つらいことから目をそむけずに、しっかりと向き合う必要がありそうです。

【遺跡】

過去にまつわることを暗示しています。現実に考えたくないようなことがあって、向き合いたくない心境を表しています。ただし、遺跡の中にいて、安らぎ落ち着いた気持ちになる夢は、過去に対する思いで、癒されている場合も。

【劇場】

楽しみの象徴として、夢に出てくることが多いでしょう。性的な願望や、エネルギーにまつわる夢の場合が多いですが、心にはなやぎがあるよい徴候の夢。配役に自分を投影したりする場合もあるので、出し物をよく観察しましょう。

【建築中の建物】

自分の中で築いてきたものが、まだ未完成の状態を表します。頭の中に理想があるのに、現実はそうなっていないと思っている時に見やすいでしょう。

行事・出来事

人生のステージが一つ、切り替わる時

結婚式や葬式、卒業式などの特別なイベントの夢は「イニシエーション（通過儀礼）」を表しています。イニシエーションとは、人生の中で一つのステージが終わり、次なる舞台へと移り変わる〝節目〟のようなもの。現実の人生においても、これがきちんと行われていないと、いつまでも子供のままでいようとしたり、精神的な成長を遂げられなくなってしまいます。夢の中でこうしたイベントが出てきた場合は、まさにあなたの無意識下でそうした「切り替わり」のタイミングが訪れていることの表れ。「もっと新しい自分になりたい」という思いと「まだこのままでいたいのに……」というジレンマがこうした夢を見せることもあるでしょう。

【冠婚葬祭ほか】

冠婚葬祭の夢は霊的成長などの大きな転換を表わす

【運動会】 ペルソナ

自分の魅力を多くの人に認めて欲しいという願望を暗示します。ビリになったり、うまくやれない夢は、自信がないことの表れです。夢の中でつけられた順位は、自分の能力をどのように自己認識しているかを表します。2位か3位だった場合は、野心が実力を超えているということ。1位だった場合は、実力が目標に伴っていることを表します。

【儀式】 老賢者 ペルソナ

あなたを通常の思考や意識のフィールドから豊かなイマジネーションの世界へと連れ出すものです。儀式で呪文を唱えているのは、非日常的な世界にハマることを教えています。日常を別の側面からとらえ直しなさい、という忠告である可能性も。

【クリスマス】 ディバイン・チャイルド

平和や寛容を表すシンボルです。家族や友人と楽しいひと時を過ごせる予感。心の中で「自分」というものが確立し始めていることを知らせるメッセージでもあります。

【結婚式】 アニマ アニムス

ダイレクトに結婚に対する憧れを意味することもありますが、自分とは違う、異質なものを受け入れることで完成に近づくことを暗示しています。男性と女性、理性とイマジネーションなど、相反するものを統合することで、物事が次の段階へと進展していきます。異物を恐れずに受け入れてください。今まで気づかなかった自分の一面を発見するサインでもあります。

【コンクール】 ペルソナ

運動会とほぼ同様の意味です。ただし、現実にあなたが習っていることのコンクールならば、そのことに対する熱意を表します。でも夢の中での結果は、現実の結果とは無関係なことが多いでしょう。

【正月】 老賢者 ディバイン・チャイルド

これからの一年間の運勢を暗示しています。楽しいお正月の夢なら、新しいことを始めると、それがうまくいくことを表します。つまらないお正月は、あまり変化のない、平凡な毎日が待ち受けているのではないかという不安な気持ちの表れ。

【戦争】

意識と無意識の間で生じている葛藤を表したもの。本能的・感情的な部分を理性で抑圧していませんか？どちらかが勝つのではなく双方にとっての和解の道を模索することが大切です。

【葬式】 ディバイン・チャイルド

死にまつわる夢はおおむね幸福を暗示しています。葬式の夢も新しいチャンスがやってくるという吉夢です。また自分の嫌な面がなくなってほしいという願望も示しています。見知らぬ人の葬式は、時の経過を表し、もう過去に戻ることはできないという事実と、感情的な執着を捨てよ、というメッセージです。

【卒業式】 グレートマザー ディバイン・チャイルド

自立することへの不安や恐れを表しています。ただし、たくさんの花をもらったり、誰かに贈る夢は正反対の意味。自立を願っています。

【誕生日】 アニムス

思い出に残るようなことが起こる暗示です。実際とは違う日が誕生日として夢に出てきたら、思いがけないことが起こる前兆。誕生パーティーを開いていたら、人気者になりたいという願望の表れです。プレゼントをたくさんもらったら、周囲から尊敬されていることの証。

【テスト】 シャドウ ディバイン・チャイルド

テストを受ける夢は、実際に昇進試験や資格試験の前ならば緊張していることの表れ。同時に自分の価値を試したいと考えていることも暗示します。一方で、周囲からの評価を気にしすぎている可能性も。答えがわからなくて焦っている夢は、現実にも焦っているという意味。定期テストは規則正しい生活をしなさいという忠告です。

【入学式、入社式】 ディバイン・チャイルド

これまで通ったことがある学校や会社なら、過去に気になっていることがあるという暗示です。通ったことがない新しい学校や会社なら、近々、環境が一新されることの予兆です。

【パーティー】 ペルソナ

集まっている人や会場のムードが、現在の人間関係や、あなたを取り巻く状況を表しています。楽しいパーティーなら、それらが良好なことを示します。ただしあまりにたくさん人がいたら、逆に孤独を感じている可能性も……。

【そのほか】
環境や心境の変化を表わす。変化を求める願望の場合も

【火事】

黒い煙が出ておらず、何かが燃え盛っているのに何の不安も感じなければ、大きな幸運の訪れを知らせています。または興奮状態のまま眠りについた可能性も。

【事故】 シャドウ

様々なことに対する不安や恐れを表しています。特にストレスがたまっている可能性が高いので、健康に注意してください。すべてを放棄して逃げ出したいという隠れた願望があることも……。

【実験】 ディバイン・チャイルド

心の中で何かが大きく変わり始めている証拠です。恋人や異性に対する見方や価値観が変わるのかもしれません。また、あなたの性格や考え方が変化する暗示

もあります。特に科学の実験ならば、その可能性は大きくなります。

【朝礼】

嫌なこと、面倒なことを押しつけられる前兆です。ただし、はつらつとした気持ちで朝礼に参加していたら、気力に満ちている証拠。新しいことを始めてみなさいというメッセージです。

【転校】

あなたが転校する夢は、現実に何かから逃げたいと思っていることを表しています。誰かが転校してきた夢なら、自分の意外な一面に気づかされる暗示。誰かが転校していく夢は、その人に近づきたいという願望の表れです。

【ピクニック】 ディバイン・チャイルド

自然の中へと出かける夢は、平凡な毎日から抜け出したいという願望を表しています。仲のいいグループで行ったら、その人たちとの友情が確かなものになる時。

【引っ越し】

今の環境をガラリと変えたいという願望です。現状に行き詰まりを感じているのでは？ もし引っ越し先が気に入らなかったら、環境の変化を恐れています。

【演奏会（コンサート）】

人が集まっている場所の夢を見るのは、不安や寂しい気持ちを抱えている時。スポットライトを浴びている人物は、自分に置き換えることができるので、注目してほしいという願望を表すケースも。音楽の夢は、性的な興奮と関係がある場合も。

【バーゲン】

売り出しなどで、ものを買う夢は、恋愛や性に関する欲求を表します。夢の中では実際に買うまでに至らないことも多いですが、ほしいものを手にできたかどうかがカギに。誰かに先を越されて手にできない時は、力不足を感じているかもしれません。

【イベント・祭り】

たくさんの人がいるイベントの夢は、実際は孤独を感じている場合が。活気のある夢なら、自分が主体性をもって意欲的になっているよい夢。夢の印象で、どちらなのか判断してください。

身体

体調の変化と心の成長、二つの視点で考えて

身体にまつわる夢は、二通りの解釈ができるということを覚えておいてください。まず一つが、実際にあなたの身体で起きている微妙な変化を無意識のうちにキャッチして、夢でそれをクローズアップして見せる、というケースです。歯痛の夢を見た次の日、実際に虫歯が痛み始めた、というようなもので、睡眠中の身体変化が増幅されて夢の中に現れていると考えられています。もう一つが、あなたの心の状態、精神的な成長を〝身体の変化〟としてシンボリックに表しているケースです。典型的な例としては、歯が抜ける夢は、自分にとって不要なものを手放す時によく見ると言われています。現実の身体の変化、そして心の変化、その両面からアプローチすることが大切です。

【頭部】

頭部は周囲の人との関係性を象徴する

【顔】 ペルソナ ディバイン・チャイルド

笑顔なら運気は好調、悲しそうな顔なら低調のサインです。鏡などに映った自分の顔を見る夢は、人間関係に自信を失っているサイン。

【髪】 アニマ

生命力のシンボル。長い髪は今が充実した生活であることを示します。髪を切るのは、生活に刺激を求めているという意味です。

【口】

人に言われて気にかかっていることがあります。言いたいことが言えないもどかしさがあるのかも……。

【声】

自分の声が大きければ、周囲に対する不安があり、小さい時は他人からのアドバイスを求めています。人の声が気にかかるのは、その人との関係を大切にすべき、という意味です。

【舌】
気に入らないことを解決したいという願望があります。自分の意見を押し殺しているために、欲求不満に陥っている可能性もあり。

【歯】 アニムス ディバイン・チャイルド
意志のシンボルです。基本的な生活環境の変化を表します。歯が抜けた場合は、不安の象徴。右側の歯は男性の家族、左側の歯は女性の家族を表すとも。歯が生えてくるのは、自信が高まり、成功に一歩近づける予感。抜けた歯を手のひらに乗せて見つめる夢は、もっと自分を客観視したいという心の表れです。

【鼻】
やや感情的になっています。冷静になるべしという警告です。

【眉毛】 ペルソナ
社会とのつながりを象徴します。太い眉毛は、他人から注目されたいという願望が高まっていることの暗示。眉毛をそり落とす夢は、友人や両親との関係がうまくいかず、自信を失っているのかも。

【ひげ】
立派なあごひげは生命力が高まっているサイン。白いひげの場合は、叡智を表しています。ひげをはやしていた人物に注目を。

【耳】 ペルソナ
人の話に耳を傾けよ、というメッセージです。身勝手な行動を慎み、しっかりと自分の義務を遂行し、さらに周囲への気配りを欠かさないことが大切。

【目】 アニマ アニムス
元気のない目は生活への不安、大きく見開いた目はときめくような恋に憧れる気持ちを表します。目に輝きがあれば、生命力が高まっているサイン。目がうつろだった場合は、体調を崩しやすくなっていることの表れ。

【身体】
生命力を象徴。身体の夢の多くは体調ダウンかトラブルの暗示

【足】
疲れている証拠です。周囲に気を遣いすぎて、自分のことが二の次になっているというメッセージも。

【腹】
無意識のうちに何か（もしくは誰か）に執着しているという暗示。また食事に過不足があるということを暗示しています。きちんとした食生活を心がけるようにして。

【首】
周囲からの干渉を煩わしく思っています。一人になりたい気分なのかも。

【肩】
肩に関連する夢は、「肩入れ」という言葉があるように、何かに「入れこんでいる」状況を象徴しているかもしれません。肩の荷が重いことがある可能性も。

【背中】
信頼感や依存心にまつわる暗示があります。「背中を見て育つ」という言葉がありますね。無言で、ものを語る部位でもあるので、背中の印象にも夢解きのヒントがありそうです。

【へそ】
自己確認や、自分を認めようとしている時に見る場合が多いでしょう。へそは、身体の中心に当たるので、自分自身と関係が深いのです。意識することで自分自身に戻れることを意味しています。

【尻】
大きなお尻は豊かさの象徴で、特に金運が上昇していることを意味します。貧弱なお尻はお金に困り、困窮することを表します。

【心臓】 ディバイン・チャイルド
生命力にあふれていることを暗示。近々、感動的な出来事があるかも。飛躍の象徴でもあり、大きなことにチャレンジしようという意欲がみなぎっている証拠です。

【骨】
精神を支えるシンボルです。骨が折れる夢は気持ちがブレやすくなっているサイン。誰かに手痛い攻撃をされていることも。骨をかじる夢は、精神的なダメージがあったことを表します。

【性器】
セックスにまつわるコンプレックスを暗示します。

【乳房】 グレートマザー
母親との関係に不満を感じており、なんとか改善したいと思っています。あるいは自分の体にコンプレックスを持っているという意味もあります。

【爪】

爪を見ている夢は資金不足を暗示しています。また精神的な不自由感も表します。爪の手入れをしている夢は、生活に変化を求めているという意味です。

【手】 アニムス

自分がやったことに自信がないことを表し、できれば「やり直したい」と思っているようです。手を洗う夢は、起きた出来事はそれほど悪いことではないので心配するなという意味です。

【指】 アニマ

美しい指は優しさのシンボル。指を見つめている夢は優しい気持ちが湧き上がっている証拠です。汚れた夢は嫌なことをしなければならず、憂鬱な気持ちになっていることを暗示します。

【そのほか】

環境や心境の変化を表す。変化を求める願望の場合も

【汗】

現実に体調が悪かったり、病気にかかっている場合は、体力の回復や病状の好転を表します。また何かに熱中しているという意味もあります。

【風邪】

風邪をひいて苦しんでいる夢は体調の低下を暗示。看病されたり、くしゃみをする夢は周囲から関心を持たれたいという願望の表れです。

【傷】

かさぶたのような小さな傷は、現状への不満や不安を表します。血が流れるような大きな傷は、逆に不満や不安がなくなるという意味です。

【寒気】

体調がダウンする前兆です。今、行き詰まりを感じていることが解決するという暗示も。

【血】

ディバイン・チャイルド

血を流す夢は運の上昇を暗示します。他人の血はその人の邪悪な面を表します。手のひらの血は、忘れている友人との約束を表します。

【涙】

うれしさと悲しさの両方を意味します。涙が瞳にたまっている夢は、感情の豊かさと、物事に感動できる気持ちのゆとりがある、精神的にとてもいいコンディションであることを表しています。

【ニキビ】

シャドウ

ニキビができるのは、新生活の始まりを意味しています。ニキビがなくなるのは経済的に生活が安定することの象徴。他人にできているニキビは、その人との関係が悪化する前兆です。

【ほくろ】

シャドウ

顔にできた大きなほくろは、運勢が変わる前兆です。顔以外のほくろは、できた場所が象徴することに注目を。ほくろが多くなるのは、近く思わぬ試練が待っているという意味です。

【裸】

他人の裸を見る夢は、その人の真実の姿を受け入れる準備ができていることを表します。自分の裸を隠そうとするのは、余計なことに神経を使いすぎていたり、上品ぶっていて、人に本心を見せられずにいることを表します。裸の子供はキューピッドの象徴。公共の場で裸になっていても、周りが誰も気づかないのは、本当の自分をアピールしたら拒絶されるかもしれないという恐れを捨てるべき、というサイン。他人の裸を見て嫌悪感を覚えるのは、自分自身の本質を知ることに対する不安や恐れ、失望を表しています。

感情

表面的な行動よりも背後にある感情に着目

夢の中であなたがとるさまざまな行動は、あなたの心の中に何かしらの強い欲求が眠っていることを表しています。ですが、必ずしもそれがストレートな形で表現されるとは限りません。例えば、夢の中で号泣しているのに、ちっとも悲しいと感じなかった、というような場合がそうです。この時の「泣く」行為は、悲しみを表しているのではなく、もっと自分の素直な感情を放出し、表現したいという気持ちの表れだったりするかもしれません。

ですから注目すべきは一つひとつの行為の意味よりも、その時、夢の中で自分が抱いていた感情です。そこに焦点を当てれば、これまで見て見ぬふりをしていたあなたの〝真なる望み〟に気づくことができるかもしれません。

【感情・気分】

感情・気分は現実の感情と必ずしも同じ意味ではない。成長のカギ

【あきらめる】
何かをあきらめる夢は、現実にはどうしてもあきらめられない気持ちや事柄を表しています。

【荒れる】 アニムス シャドウ
荒廃した気分で自暴自棄になる夢は、感情爆発の前兆。怒りを正しく発散してください。

【慌てる】
ルール違反や約束を破ろうとしている時によく見る夢。心のどこかに不安があるのかも。

【哀れむ】 アニムス
自分が他人よりも優れている、勝っていることを確認したい気持ちがあります。同時に人を見下すような面も。

【恨む】 シャドウ
あなたにとって、もはや不必要な人や物への執着を表します。もっと他のことに目を向けなさいというメッ

セージです。

【怒る】 アニムス

気持ちが高ぶっています。誰かのことを怒っていたら、その人を誤解している可能性があります。まっさらな気持ちで相手を見つめてみて。

【悲しむ】 アニマ

多くの場合、喜びが隠されていると解釈します。ただ目覚めて本当に涙を流していたら、魂のレベルでの深い悲しみを表します。

【嫌う】 シャドウ

誰かを嫌うのは、あなた自身の嫌な面を表します。繰り返し同じ人が登場するなら、次のレベルに行くために関わるべき重要な人であることを暗示しています。

【怖がる】 シャドウ

自分の気持ちを隠しています。人目を気にしていたり、素直になれない状態を表します。

【嫉妬する】 シャドウ

実際に、その相手に対して嫉妬を感じている証拠。また、同性のとの争いが起きることを暗示。

【楽しむ】

心から楽しんでいるのであれば、それは魂が満たされている証拠。それ以外は、表向きは楽しんでいても、不満感が募っていることの表れ。

【泣く】 アニマ

泣いてはいても、悲しくなければうれしいことが起こる暗示。本当に悲しい場合は、実際に心の中につらい思い出があるようです。誰かを泣かせるのは、あなたがその人に好意をもっている証拠です。

【悩む】 シャドウ

夢の中の悩みの原因は、そのまま現実のあなたの悩みを表します。同時に体調不良も暗示。

【憎む】 シャドウ

人間関係で不快なことが多く、ストレスのやり場に困っていることを暗示します。自分は何を不快に感じているのか？　その原因を探り、現実で向き合うことが必要。

【はしゃぐ】 ディバイン・チャイルド

周囲に対する配慮に欠けています。対人関係でのトラブルに注意しましょう。はしゃぎすぎは疲れている証拠。休息が必要です。

【恥じる】 ペルソナ

隠れた自信や能力を自慢したい気持ちがあります。

実際にアピールしてみれば、いい結果になる可能性大。

【不安を感じる】

夢で不安を感じたことに対して、気にしている状態を表します。どんなに不安がっていても、心の底では「何とかなる」と思っていることも。

【迷う】 ペルソナ

現実に選択を迫られていることを暗示。いろいろ迷って決断できないなら、逆に言えばチャンスがたくさんあるという意味。もしくは八方美人になりすぎていることへの警告であることも。

【喜ぶ】

あなたが喜んでいる夢は、これから満足できる状態になるという意味です。誰かを喜ばせていたら、その人に対して嫉妬していて、その感情を必死に隠そうとしている暗示です。

【笑う】

何かを我慢しているかもしれません。大変なことと、うれしいことが同時に起こる前触れでもあります。楽しい気持ちだけならいいことが起こるという吉夢。異性に強い関心を持ち、そのことを恥ずかしいと思っている時によく見る夢です。

【ためらう】

心の中に葛藤を抱えている時や、現実の状況が自分の思う方向とは違う方向へ向いている時、動いている時に見ることが多いでしょう。または、現実に起こした行動に対して、疑問が湧いている時。その場合は、夢が現実にブレーキをかけるために、時期尚早ですよ、とサインを送っているかもしれません。

【せつない】

自分の心の奥深いところに眠る哀感にまつわる場合が多いでしょう。日常生活では、こうした気持ちを隠しているため、情感を上手に処理できず、夢で補っている場合が多いでしょう。夢でせつない気持ちを味わう人は、現実では肩肘はって生きている可能性が高く、もっと、自分の感情を出してよいのでは、という夢からのメッセージかもしれません。

行動

夢の中の「行動」には、あなた自身の意外な面が現れる

夢の中の行動は、日常のことを繰り返しているようなこともありますが、自分でも思いつかないような突飛なことをしていることもあります。

夢の中の行動は、第一には自分が無意識のうちにやってみたい、あるいはやったほうがよいことを表すこともあります。これは「補償」といいますが、現実の中でできないこと、あるいは現実の中でやりすぎていることとのバランスをとろうとしていることもあるかもしれません。例えば、仕事ばかり、生産的なことばかりをしている人が夢の中で思いがけず絵を描いている、というのはいつもは発揮できていない創造的なことをやりたいという無意識の声かもしれません。夢の中の行動には、あなた自身の意外な面が現れるものです。

【一人でできること】

生活の変化、変身願望など、隠れた本心の暗示

【遊ぶ】 ディバイン・チャイルド

現在の生活に飽き飽きしていて、何か新しいことを始めたい、未知の事柄に飛び込んでいきたい、という思いが高まっています。

【洗う】 ペルソナ

忘れたい失敗や出来事があるのかも。汚れが落ちにくいほど、後ろめたい気持ちが強いようです。

【歩く】

順調に歩いていたら、今の生活が安定していることを暗示。早く歩いているのは、不安や焦燥感にさいなまれていることを意味します。

【歌う】 アニマ

一人で歌う夢はもっと自分を表現したい、人に分かってほしいという願望です。カラオケ店で歌う夢は、人恋しさを表しています。

【産む】 グレートマザー
新しい願いや状況が生まれる暗示です。生活がガラッと変わる暗示も。

【埋める】 シャドウ
最近してしまった何らかの失敗を隠ぺいしようとしています。

【占う】
大切な決断を下す時。占いに頼っていたら、自己決定ができずにいること、自分が下した結論に自信がもてず、後悔している状況を表しています。

【運転する】 アニムス
乗り物を上手に運転していたら、自分自身をうまくコントロールできている証拠です。

【買う】
欲しかったものや幸運が思いもよらない形で手に入るという暗示です。夢で買ったものがそのためのヒントになっています。

【書く】
何か人には言えない秘密があるようです。

【考える】
やらなければいけないことがあるのに、やりたくないと感じている証拠。実際にノルマをきちんとこなせていないのかもしれません。

【気絶する】 シャドウ
自分で自分を受け入れがたい状況。

【切る】 アニムス
誰かとの別れがある予感です。もしくは「やめたほうがいい」と内心思っている悪癖があるなら、今こそそれを直すべきというサイン。

【消す】 シャドウ
何か責任逃れをしたいことがある様子。言い訳ばかりになりがちなので、気をつけて。

【壊す】 アニムス グレートマザー
何かを創造したり、今の状況が好転する暗示。

【自殺する】 ディバイン・チャイルド
自殺するのが自分でも他人でも、生まれ変わって新しい自分になりたい、現在の状況をリセットしたい、という願望を表します。

【失敗する】 グレートマザー
夢の中で失敗を体験するのは、実は自分では「成功する」と信じていることの表れです。人前で失敗をしたり、恥をかく夢は、自分が社会に不適応なのではないかという恐れが出ています。実際にそれを行う前の予行演習として夢で再現している場合も。

【死ぬ】 グレートマザー

何かが終わり、新しいことが始まる予感。自分が死ぬ夢はセンスや考え方が変わる暗示。

【しゃがむ】

秘密の恋や不倫に憧れる気持ちがあることを表します。

【修理する】

電気機器を修理する夢は、人間関係が悪化しつつあるサイン。はやめに手を回さないと、取り返しのつかないことになる可能性も。

【掃除する】

来客がある予感。実際に今から部屋の掃除をしておくとベスト。

【食べる】

ストレスがたまっています。その原因は、夢で食べているものが暗示しています。その「食べ物」にまつわる項目を調べて。

【飛ぶ】 アニムス ディバイン・チャイルド

基本的には現実逃避。でも、気持ちよく飛んでいたら、今やっていることがスムーズに成功する暗示。想像力が高まっており、可能性が広がっているので、チャレンジをすることで成功することができることを表しています。椅子やベッドなどに乗って飛ぶ夢は、安全を求めるあまり保守的になっているサイン。

【脱ぐ】 ペルソナ

変身願望。帽子を脱ぐのはうぬぼれを捨てるべき、靴を脱ぐのは、立場をわきまえよという警告です。

【濡れる】

雨でずぶぬれになる夢は、恋がかなう知らせ。少しだけ濡れるのは欲求不満な状態であることを示します。何か気がかりなことがあり、全力投球できない事情があるようです。

【眠る】

現在、ちょっと弱気になっていてくよくよしやすいようです。逃避したいという気持ちの表れ。

【登る】 アニムス

山登りや階段を上る夢は、あなたがもっと向上したい、ステップアップしたいと願っていることのサイン。そのためにはもちろん努力が必要ですが、あなたならそれは実現可能であるということを暗示しています。

【飲む】 グレートマザー

何かを飲んでいる夢は一人前の大人として認めてほしいという欲求の表れです。

【排泄する】

自分の中に抱えているものを吐き出すこと。人生の暗い面に目を向けようとしており、その経験を通じひと皮剥けることができます。もっと自己表現したい、本当の自分を解放したいという気持ちの表れ。創造エネルギーが高まっているサイン。

【吐く】 グレートマザー シャドウ

嫌いな人がいるようです。その人の言動にイライラしているよう。またやりたくないことを無理にやっていたり、言いたいことを我慢している時にもよく見る夢です。

【走る】 アニムス

体力や気力の充実を表します。うまく走れない場合は、気持ちに体力がついていけないという意味です。走ろうとしても動かない、何かに足を取られる夢は、心のどこかに不安を抱いていることの表れ。坂道を走るのは意中の人から告白される暗示。

【働く】

もっと頑張らなければ、何かをしなければ……という焦りの気持ちの表れです。

【待つ】 アニマ

待っている相手がやってきた場合は、夢が実現する暗示。待ちぼうけに終わるのは、その人とはあまり関わりたくないと思っているサインです。

【目覚める】

何かを我慢していて、心の深いところにストレスがたまっています。もっとリラックスすることが必要です。

【焼く】

食べ物を焼いているのは、いいことがある前兆。火を焚いている夢は、恋に対する強い憧れの意味。紙やごみを焼いているのは、何か忘れたいことがあるようです。

【休む】 アニマ

休日の夢を見たら、あなたを助けてくれる人が登場する前触れです。ただし実際に疲れている時に見た場合は、現実から逃げ出したいという思いが高まっているのかも。

【料理する】 アニマ

誰かのために料理しているのは、異性の関心を引きたいというサイン。ただ料理しているだけなら、あなたの中で何かが変わり始めているようです。

【人に対しての行動】

行動を起こす対象（相手）への秘めた想いを暗示

【握手する】 アニマ

相手の手が冷たかったら、あなた自身、自分がどう見られるかを気にしすぎています。温かければ自分に自信を持っている証拠。

【謝る】 アニムス

現実生活において誰かに謝りたいことがあるのでは？　誰かに謝られる夢は、その人があなたに伝えたいことがあるというサイン。

【ウソをつく】 シャドウ

何か人に言えない秘密があるようです。誰かの悪口を言って、後悔している時にもよく見る夢です。

【送る】 アニマ

誰かと連絡を取りたいと考えていることの表れです。

【キスをする】 アニマ

恋愛への憧れが強まっていることを表します。キスの相手が現実に嫌いな人でなければ、実はあなたが内心、好意を抱いている可能性も……。

【ケンカする】 アニムス

心の中に迷いやアンビバレントな感情があり、気持ちの整理がついていない状態を表します。やりたいことを思うようにやれていない、フラストレーションがたまっている可能性も。

【告白する】 アニマ

告白した相手への思いが募っている証拠。現実には好きではない相手なら、あなたのものの見方や考え方を変える必要があることを示しています。

【殺す】 アニムス

考え方が大きく変化している真っ最中のようです。精神的な成長を表します。

【背負う】

何か責任や仕事を押しつけられる暗示。それをプレッシャーに感じている様子です。

【セックスする】
セックスしている相手ともっと深くかかわりたいという気持ちの表れ。実際、現実でも仲良くなって関係が進展していくことも。

【プレゼントする】 アニマ
贈った相手と意見が一致する暗示。意気投合し、親友になれるかも。高価なものを贈るのは、相手よりも優位に立ちたいという願望の表れ。

【別れる】
夢の相手との関係が続く暗示。相手から別れを告げられたら、あなたの一方的な好意です。

【そのほか】
自己実現や目標達成の夢など、成長へのヒントがある

【襲われる】 アニムス シャドウ
強盗や男性に襲われる夢は、もっと男性とかかわりたいという激しい欲望を表します。

【追われる】 シャドウ
あなたが成長したいと願っていることの表れ。追ってくるのは「社会」の象徴です。逆に自分が追って、それをつかまえられたら、目標達成の意味になります。目に見えない恐ろしげな存在に追われる夢は、自分というものを統合していくプロセス。勇気を出して振り返り、その追っ手と向き合えば、恐怖は消え去り、自己の成長のためのヒントが得られるはず。

【叱られる】
逆夢。人に褒められるなど、あなたの頑張りが認められる暗示です。

【手術する】 老賢者
重要な現実から目をそむけようとしていることの暗示。嫌なことも直視したほうが、解決は早まります。性的なことへの好奇心が高まっているサインでもあります。

【スポーツを見る、する】 アニムス
スポーツ観戦をする夢は、すべてを人任せにしたい心境の表れ。自分でスポーツをしている夢は、心と体が興奮状態にあることを示しています。

【注射する】 アニムス

あなたの周りにいる、ある人物の言動があなたに強い影響を与えているようです。あなたはそのことに強い反発を覚えているはず。自分の考えを必死に守ろうとしていることの表れです。

【盗まれる】 アニムス

状況の好転を意味します。夢で盗まれた物は、現実では手に入るという暗示です。

【秘密を聞く】

誰かに秘密を聞かされる夢は、その相手と親しくなる暗示。秘密をばらしたり、ばらされる夢は、人に嫌われるのを過度に恐れていることの表れ。

【太る】

夢の中で太っていることを気にしていなければ、金運上昇や幸運の訪れを意味します。恥じている場合は、誰かのお世辞に乗せられている暗示。他人にプレッシャーをかけている可能性も。

【やせる】

スリムになって、スタイルがよくなる夢なら、人気が高まる前兆。ただしやつれたようにやせる夢は、体力が低下しているサイン。

【旅行する】

楽しい旅は人生の楽しみ、苦しい旅は人生に対する不安感、旅立ちの夢は環境の変化を表す。公共の交通手段で旅をする夢は、自分が進むべき道を人任せにしていることの表れ。

【落ちる】

理性にばかり偏りすぎていて、感情をないがしろにしていることの表れ。落下しても痛みを感じなかったり、地面がふわふわだったりした場合は、何らかのトラブルがあっても、危機一髪で救われること、苦難は長くは続かないことを暗示。屋根や窓から落ちる夢は社会的境遇にプレッシャーを感じていることの表れ。高いところから下に落下する夢は、本人が日常生活や仕事のうえで、分不相応な地位にのぼってしまったことを不安に思っていることも。

【踊る】 アニマ ディバイン・チャイルド

もっと自由に感情を表現したいという欲求があることを意味しています。性的エネルギーの高まりを表します。子宝に恵まれる可能性も大。

【溺れる】 グレートマザー

感情に流されて自分を見失っている状態。こんな時に重要な決断を下すのはNG。一度、冷静になって考えましょう。

【泳ぐ】 グレートマザー

水は無意識のシンボル。水の中に入るのは、心の中から新しい何かが生まれることの暗示です。

【縛られる】

自由への欲求が高まっており、人生の意義を見出したいと考えていることを暗示している。性的な関心も強まっている暗示。

【逮捕される】

罪の意識を表す夢。実際に心にやましいことがある場合か、無意識の欲求を抑圧していることの表れ。

【建てる】

家や建築物を建てたり、修繕している夢は、肉体的なケアをすべきというサイン。もっと自分に目を向けて。

【遠ざかる】

誰があなたから遠ざかっていったかに注目を。その人物との別れの時期が近づいていることの表れ。その時のショックに備えるために、心の準備をしていると考えられます。

【なぐる・なぐられる】

罪の意識があるようです。夢の中で自分をなぐることで、自分を罰している状態。人をなぐる場合は、その相手が象徴するものが自分の中にあることを暗示。子供に対する暴力は、自分の幼児性を、老人への暴力は、自分の知恵のなさに自己嫌悪を感じています。

【無意味な作業をする】

石を積みあげる、カードでタワーを作るなど、無意味な作業をさせられる夢は、怒りがたまっていることの表れ。うまく発散させることが大切です。

【禿げる】

失恋の前触れ。大事な人を失ってしまう可能性も。

【恥をかく】

人前で失敗をしたり、恥をかく夢は、自分が社会に不適応なのではないかという恐れが出ています。実際にそれを行う前の予行演習として、夢で再現している場合も。

【話す】

どうしても相手に話を聞いてもらえなかったり、自己紹介を失敗したりする夢は、自分が不適応であるという感覚を象徴します。この感覚を直視することで、自分のコミュニケーションの問題点が明確になってくるはず。電話で意思がうまく伝わらない夢は、本人の主張の弱点、あるいは相手を納得させる能力の低さを表します。

【暴走する】

人生の方向性を見失っていることの表れ。戻れなくなる前に、一度、自分自身を点検してみる必要があります。

【罠にはめられる】

創造的エネルギーを抑圧してしまっている状態を表します。自分を縛っているものは何か、自ら分析してみることが必要です。

【遅刻する】

テストやデートに遅れる夢は、そのことに強い関心を持っている証拠。遅刻して予定が流れる夢なら、その予定を取りやめたいと内心思っている可能性が大。

【案内する・される】

自分で道を開いていく、または、展望が開けてくるということを象徴します。先行きの不安が取り除かれ、先が見えてくる、開けてくる、という暗示があります。

【助ける】

人を助けることができるのは、自分のエネルギーがまだあるということ。気持ちよく助けている場合には、まだ余力があることを、逆に助けなければならないと緊張するのは、余裕がない状態を表します。

超常的

深い精神性の〝変革期〟を示唆

夢の中にルールはありませんから、現実ではありえないような状況が訪れたり、ファンタジーの世界にしか存在しないキャラクターが登場することもあるでしょう。それを「所詮、夢だから」と切り捨ててはもったいない！　実はあなたの無意識のもっとも深い部分で、大きな変革が起こりつつあることの表れである可能性が高いので、注意深く内面に目を向けてみましょう。また、そうした特殊なモチーフ以外にも数字や方位、色なども重要なメッセージを秘めていることが多いもの。こうしたキーワードが予知的なサインをもたらすことも……。その時は意味がわからなくても、心に留めておけばいつか、現実とリンクする〝何か〟を発見できるかもしれません。

【架空の生物ほか】

無意識に潜む願望を象徴。高貴なものは、理想の表れ

【悪魔】 シャドウ

あなたの中に眠っている欲望を表します。悪魔があなたに言った言葉けヒントになります。思い出して、その項目を見てください。悪魔に連れ去られる夢は、誘惑に負けるなという警告です。

【宇宙人】 アニムス　シャドウ

これまで接したことのないようなタイプの人と、知り合いになる暗示。あまりにも違いすぎるかもしれませんが、その人を理解するのはなかなか難しいようですが、先入観を捨てて、トライしましょう。

【英雄】 アニムス　ディバイン・チャイルド

自分が英雄になる夢はもっと成長したいという願望を表します。知っている人が英雄になって出てきたら、その人の関係にいい変化がある暗示。でもあなたの心の中には、その人に対する嫉妬心が……。

【閻魔】

閻魔に裁かれる夢を見たら、周りの人からあれこれ言われるのを恐れていることを表します。

【王様、王子様、王女】 アニムス ペルソナ

王様が夢に出てきたら、金運がアップしている予兆。王子様は女性にとっては恋人を表します。王子様と話をした時は、男性と仲良くなれる前兆。自分が王様や王女になる夢を見たら、周囲とのトラブルに要注意との暗示。

【鬼】 シャドウ

あなたが恐れているものを暗示します。また、思いもよらぬ男性からアプローチされる予感も！

【怪獣】 グレートマザー

夢に現れるゴジラなどの怪獣は母親を表しています。怪獣と戦って勝った夢は、母親から自立し始めている証拠。怪獣に飲み込まれたり、負けるのは、まだ子供でいたい、甘えたいという願望を表します。

【怪物】 アニムス シャドウ

狼男などのモンスターは、あなたの心の奥にあるコンプレックスを暗示しています。夢の中で怪物から逃げ切れたり、退治できたら、自分で問題を解決することができる、というメッセージです。

【神】 老賢者 ディバイン・チャイルド

何事も信じることが幸せにつながる、という意味。目先の利益ばかりにとらわれず、もう一度、純粋に人を信じる気持ちを思い出して。

【吸血鬼】 アニムス シャドウ

吸血鬼に襲われる夢は、あなたの純粋さを利用しようとする人の存在を暗示。誰かが吸血鬼になった場合は、これからその人の態度が急変する可能性あり。

【巨人】

大人を象徴するシンボル。子供が見た場合は、厳しい父親を象徴する場合も。大人になってから見た場合は、敵意を持つ存在ではなく、弱き者を守る庇護者を表しています。

【サンタクロース】

サンタクロースに何かをもらったら、ハッピーなことが起こる予兆。周囲に感謝の気持ちを示すことがポイント。

【釈迦】 老賢者

永遠の理想像を表します。夢に釈迦が登場したら、あなたが今、直面している問題は、自分の力で解決す

ることができる、その方向性で合っているというメッセージです。

【仙人】老賢者

仙人を見たり、仙人と話す夢はあなたが精神的な成長を遂げていることを表します。仙人との会話の中に重要なヒントが隠されている場合が多いので、何を話したか、じっくり思い返してみて。自分が仙人になる夢は、人間関係を面倒だと感じており、一人になりたいと思っていることを暗示しています。

【超能力者】ディバイン・チャイルド

何でもすぐにあきらめがちで、人に頼ろうとしている証拠。自分の力でやりぬく努力をせよ、という忠告です。

【天使】

天使が天から降りてくる夢は、うれしい知らせが届くことを表しています。天使が怒っていたら、もっと自分を見つめ直せというメッセージです。

【ドラゴン】

運が急上昇中です。ドラゴンを殺す夢は、精神的、経済的にも自立ができる暗示。

【人魚】アニマ

誰かが人魚になる夢は、その人に不幸が起こる警告の可能性あり。自分が人魚になったら、コンプレックスの存在を暗示。

【魔女】グレートマザー

気まぐれな状態。何かに熱中したかと思えば、ボーッとするなど、気分が不安定な様子。自分が魔女になる夢は、何か犠牲にすることがある暗示。

【幽霊】

幽霊を見たり、話したりする夢は、あなたに連絡を取りたがっている人がいることを暗示。自分が幽霊になる夢は、話したいことがたまっていることの表れです。

【妖精】

妖精と遊ぶ夢は、毎日が充実する暗示です。

【三途の川】

三途の川を渡る夢は精神的に子供から大人になるという暗示です。また、もっとインスピレーションを活かすべしというメッセージ。三途の川で金品や服を奪われたり、火で焼かれたり、刀で切られたりと、ひどい目に遭うほど、幸運が近づいているという意味になります。

【地獄】 シャドウ

夢の中の地獄が表すのは、あなたの心の中の闇です。自分が地獄に落とされる夢は、気分が落ち込んでいることの証拠。ですが、そうした時間に自分と対話することで、深い精神的な成長を得られるはずです。

【世界の終焉】

自分にできるだろうか？　と能力に不安を抱いているようです。すべてをあきらめ、投げ出そうとしていますが、もう少し辛抱して続けることで、道が開けてくるはずです。

【天国】

現在、とても満ち足りた幸福な状態です。そうでなければ、これからいいことがやってくる前兆です。

【ひとだま】

誰かがあなたに訴えかけています。注意深く、様子を探ってみる必要あり。ひとだまを捕まえられない夢は、周囲の理解が得られない暗示です。

【仏像】

何でも一人で背負いこもうとしている暗示。もっと周りの人に頼ることを覚えよ、というメッセージです。

【変身】

自分が何かに変身する夢は、人間関係が変化していくことを暗示。また眠っていた才能が開花する可能性があるので、未体験のことにトライしてみるといいでしょう。

【ＵＦＯ】

不思議な体験をする予感。目撃した場所を思い出して、行けるなら行ってみると、何か啓示を受けるかもしれません。あなたがＵＦＯに乗っている夢を見たら、想像もつかないような出来事に遭遇しそうです。ただし、勘違いや思い違いをしているという暗示もあります。

色や記号

「色」は心理状態を「記号」は思い出と結びついている

かつてはカラーの夢を見るのは、精神的に不安定な時だとさえいわれた時がありました。

しかし、現在ではモノクロのほうがむしろ珍しいかもしれません。理由はさまざまに推測されますが、僕が推測するには、最も大きな影響はテレビや映画でしょう。モノクロ映像が主流だったころには、「見る」といえばモノクロだという連想があり、夢を思い出す時に自動的にモノクロの映像をもとに記憶を再編集していたのではないでしょうか。

色は、心理状態を表します。赤は情熱や生命力、青は冷静さなどを示すと考えるのが普通です。強烈で人工的な色は無意識の力が溢れていることを示すもの。記号は、その人と思い出に結びついた意味も持ち、円は心の安定を示します。

【色彩・方向】

感情のさまざまな側面を表す。魂と向き合うヒントに

【青】 アニムス
澄んだ心、賢さ、静寂を表します。同時に無限の可能性を暗示。

【赤】 アニマ アニムス
情熱、生命力、怒りを表します。感情が高ぶっている状態であることも。

【黄色】
直感、病気、ウソ、個性、虚栄を表します。対人トラブルの暗示もあるので気をつけましょう。

【緑】 アニマ
健康状態が良好であること、逆に健康にもっと気を配るべきであることを暗示。自然、医療、救いの象徴であり、同時に嫉妬心を表すことも。

【紫】 老賢者
アーティスティックな才能が開花する予感。インスピレーションや創造性が高まっています。それにより

表彰されるなど名誉な出来事も。

【黒】 グレートマザー シャドウ

物事に絶望すること、あきらめを抱いていることの表れ。反面、豊かな権力を持っていることも暗示。

【白】 ディバイン・チャイルド

新しいこと、可能性の象徴です。同時にそのために何かを犠牲にする必要があることを暗示しています。死の象徴であることも。

【灰色】

はっきりしない状態を表します。退屈な生活にマンネリを感じているのでは？

【金色】 ディバイン・チャイルド

野心が高まっていることの表れ。同時に見栄と傲慢に注意とのサインも。神々しい金色はスピリチュアルな啓示の表れ。

【右】 アニムス

論理、理性を表します。

【左】 アニマ

無意識、直感、ひらめきの暗示です。

【上】 アニムス

理想、空想、幸運のシンボル。

【下】 シャドウ

現実、日常生活、体、リアリティー、本能の象徴。

【東】

物事の始まり、若さ、希望のシンボル。何か新しいことがスタートする予感。思いきって飛び込んで。

【西】

衰退、無意識の領域、終焉。どんなに今がよくても、それが永遠に続くことはないことを暗示。おごらず未来に備えるべきというメッセージ。

【南】

成功、栄光、出世、エネルギー。これからあなたの存在にスポットライトが当たる予感。

【北】

何らかの障害、困難、問題が発生する暗示。またこれまでしてきたことに何らかの結果が出ることも。

【形・数字】
現在の状態、心理を表す無意識のメッセージ

【円】 老賢者 ディバイン・チャイルド
永遠、調和、無駄がない完璧な状態を表しています。円が輝いていていたら、幸運の訪れを暗示します。

【三角】
安定のシンボル。今、あなたの魂は平穏です。またもっと向上したいという意欲の表れでもあります。

【逆三角】
気持ちがブレやすく、不安定になっていることを表します。焦りを捨てることが先決です。

【四角】 老賢者 ディバイン・チャイルド
基本や土台を意味しています。精神的に安定している状態を表します。

【十字】
どんなに苦境にあっても、必ずどこからか救いの手が差し伸べられるので、あきらめるべきではないというメッセージ。

【1】 アニムス
物事の始まり、エネルギー、直感を表します。すべての生命の源、存在の基盤、中心軸の象徴でも。

【2】 グレートマザー ディバイン・チャイルド
母親、女性性、迷い、別れの暗示です。光と闇、陰と陽など異なる二つのものを一体化させるパワーを持ちます。

【3】 アニムス
父親、男性性、強調、自由、幸運を示します。この数のものが夢に現れたら、幸運のありかを示す魂からのメッセージです。創造性が高まっているサイン。

【4】
安定、基礎、訓練を意味します。四つの季節、四つの方角、四代元素など、世界を支える安定性を表します。

【5】
人間関係や知識、言葉を表します。知性向上のサイン。

【6】 アニマ
愛情、喜び、楽園の象徴。異なるものをまとめ上げる調和の数です。その一方で堕落への危惧も表しています。

【7】 老賢者 ディバイン・チャイルド

休息、幸運、神秘パワーの暗示。同時にリスクとチャンス、変容を表す数でもあります。

【8】

無限、永遠、広がり、時間の意味。再生と再出発を暗示する数でもあります。

【9】

活動、勇気の象徴。困難に立ち向かい、頑張りたいと望んでいます。不滅と永遠を表すスピリチュアルな数字。

【0】 老賢者 ディバイン・チャイルド

無、生と死、過去、秘密を表します。

Column

鏡先生の「夢」体験 ②

夢は眠っている時にばかり見るのではない

ユング心理学の考え方には、夢は、別に眠っている時にばかり見るのではない、というとても刺激的な考えが出てきています。

起きている間のこの「現実」の世界の中で体験する偶然の出来事さえ、一種の夢だとみなして、夢と同じように解釈してみたらどうか、というのです。

例えば、僕自身、こんな例をあげることができます。ある講演会に向かう途中のことでした。その講演会は、かなり規模の大きなもので、ほかのシンポジストには、世間でも名前のよく知れた学者の方も大勢いらっしゃいました。そんな中で、僕のような若造が、しかも占いなどという奇妙なことをやっている者が呼ばれたのが不思議だったのですが、とにかく僕はとても緊張して、びくびくしていたのです。

意を決して出かけて、電車に乗ろうとすると、ホームで何やらアナウンスしています。

「成田空港に向かわれる方は、きょうは警戒が厳重なので、お見送りの方は、ご遠慮ください」しかし、その駅は成田空港とはずいぶん離れた三鷹の駅だったのです。こんな所から、ずいぶん余計な心配をしているのだなあと感じました。

が、その時に僕はこう思ったのです。この放送は、僕の心の中のことと同じことを表しているのではないか、と。

つまり、こういうことです。別にほかの偉い先生方も、僕を取って食おうとしているわけではない。そんなことを心配するのは、はるか離れた駅で空港のことを心配するのと同じように無駄なことだ。警戒心でいっぱいになっているのは、空港も僕の心の中も同じようなことではないか、と。

アナウンスは、僕のために流されたのではありません。まったく偶然です。この解釈は、こじつけです。ですが、心と世界がつながっていると考えた時には、夢だけが特別なものではない、と考えることも可能なのです。世界をまるごと「夢」として解釈してみることも、時にはあなたの世界を豊かにするはずです。

3

講義録

夢と占星術

「夢占い」と「星占い」……。
本来、別々の占いであると理解します。
ところが、じつは夢と占星術は、
深いかかわりがあるのです。
夢が語るものと星が語るものが
クロスする世界にあなたをお招きします。

「夢と占星術」～夢解釈の歴史

夢はホロスコープのどこに配置される？

昔から「夢」と「占星術」は密接なかかわりを持っていました。これは意外に思われますか？

普通は夢占いと占星術は別の占いだということになっていますから。夢占いはもちろん、夢を元にした占いです。こんな夢を見たら、こんな心理状態です。あるいは火事の夢を見たら、近いうちにこういうことがあるというような占いですね。

一方、占星術は、その人が生まれた時や、今、動いている星の配置から何かを判断する術です。

夢占いと占星術は別の占いと考えるのが自然ですよね。

20世紀の後半、特に1970年代以降に出てきた占星術のトレンドでは、夢と占星術は、相当深いかかわりを持っています。とりわけ「心理占星術」という流れでは、夢と占星術と併用することも多いのです。

夜、寝ているあいだに見る「夢」。

突然ですが、西洋占星術のシンボルでいうと、夢はホロスコープの1から12のハウスのうち、どこに配置されるでしょうか？　ホロスコープとは、その人が生まれた時の太陽系の惑星の配置の図です。

現代占星術の世界でいうと、僕は12ハウスに入るものだと思っていました。12ハウスというのは、伝統的な占星術によると、隠れた敵や、見えない部分、病院、囚人などを表します。


夢と占星術にかかわる書物を紹介しましょう。

例えば、アメリカの占星術家トレーシー・マークス（Tracy Marks）による『Your Secret Self: Illuminating the Mysteries of the Twelfth House』という著書には「12ハウスの神秘を照らし出す」というサブタイトルがついています。さらに本の表紙を見ると、サブタイトルの下には「A guide to using astrology and your dreams for personal growth」つまり「本人の成長のために、占星術と夢を使う方法」とあります。

また、カレン・ハマカー－ゾンタク（Karen Hamaker-Zondag）という、オランダで人気のあるユング的な占星術家の著書に、『12ハウス（The Twelfth House: The Hidden Power in the Horoscope）』というものがあります。タイトルには「夢」とは一言も書いてありませんが、実際に読むとほとんど夢の話が書かれています。夢だけではなく、一種の「瞑想」のようなことも提示しており、シナリオを書いて自分の想像力を広げ、無意識の世界へ入っていくことで出てくるイメージと、ホロスコープを両方、対比させています。ところで、これらの本では、夢をホロスコープの中の第12ハウスに対応させることがおわかりでしょう。12ハウスは「秘密のハウス」ですから、心の中の自分だけの世界を表すのです。

アメリカのグレン・ペリー（Glenn Perry, Ph. D.）という心理学の博士、占術家が、心理学的占星術を初期の頃から研究していて、『アストロ・サイコロジー（Astro Psychology）』という著書の中で、心理学的なことと占星術的なことをマッチングさせて、明快に理論を組み立てています。

ここでグレン・ペリー氏は、12ハウスについてはっきりとこう定義しています。

「12ハウスというのは、人間の無意識の、最も深い状態と相成るので、夢、創造力、ファンタジーのハウスである」。

このように、現代の占星術家はたいてい夢を12ハウスに配当しています。僕は、これが「当たり前」だと思っていました。ごく自然にそう考えていたのです。

しかし、ウイリアム・リリーをはじめ、17世紀の伝統的な古い占星術の書物を見ると、「夢は9ハウスに属している」と書いてあるのです。

このことを知ったのは大分前ですが、驚きました。

9番目のハウスは、ふつうは宗教と哲学と旅を表しています。

ちなみに、哲学と旅がなぜ一緒なのか、現代の占星術はこういうふうに解釈してきました。

哲学というのは精神の領域を広げていく営みで、心の世界を拡大していく。高い理想を求めて抽象的な世界に入って、内側の世界を広げていくような領域である。宗教もそうで、高みを求めていく。旅というのは実際に外側の世界を自分で歩いたり乗り物に乗って行ったりして、遠くの世界と実際に物理的にかかわるものだと解釈されているので、現代占星術の解釈では9ハウスが旅と哲学を両方象徴するのは当たり前で、それはインナースペースとアウタースペースの研究という意味では同じであって、探求というのが9ハウスの基本的な意味だというのが一般的な20世紀の占星術の解釈です。

しかし、古代ではこのようなこねくり回した考えをしていません。きわめてシンプルです。ヘレニズム時代の占星術のテキストの英訳版を見ると、「宗教と旅」と書いてあります。これは、当時は当たり前でした。なぜならば、当時の旅といえば、観光旅行などはあるわけがなくて、巡礼の旅しかありません。ですから最初から宗教的な営みです。

つまり9番目のハウスは、超越的な神様の世界との交流という意味があります。

これが夢と一緒だというんです。

このことはつまり、17世紀から20世紀にかけて占星術のシンボルにおける夢に対する考え方そのものが大きく変わったことを表しているのではないか、と僕は考えました。夢が神々からのメッセージではなく、心理的なものだと考えられるようになったわけです。

このような変化はいつ生まれたのでしょう？　現代占星術の初期の書物に立ち返ってみます。

まずは、イギリスの占星術家マーガレット・ホーン（Margaret Hone）による著書『The Modern Textbook of Astrology』。これは１９３０年代に書かれた本で、イギリスの占星術スクール「ファカルテイ・オブ・アストロロジカル・スタデイーズ」の教科書的な役割をはたしてきました。

ここにはきちんと「９ハウスが夢のハウスである」と明記されています。

それから、パーカー夫妻による著書『完全版占星術（THE COMPLEAT ASTROLOGER）』。日本でも１９７４年に西尾忠久訳で『定本 西洋占星術』というタイトルの豪華版で出ています。こちらを見ても、やはり「９ハウスは夢のハウス」と書かれています。

どうやら僕は、これらを見逃していた、あるいは忘れていたのです。

明確な時期はわかりませんが、少なくとも現代占星術においては、「夢」のシンボルは９ハウスから12ハウスへと、いつの間にか移行していたのです。

このプロセスを調べるのは今後の宿題になりそうですね。

夢は二つの門を通ってやってくる

さて、夢に対してのとらえ方は大きく分けて二つあります。

一つは、夢は文字通り「夢まぼろし」であること。リアリティーや意味がなく、日常の残滓や地上的な意味しかなさないもの。スピリチュアル性はなく、世俗的なものだと。

もう一つは、夢というのはメッセージ性のあるツールであること。自分が知らないことや、世俗的な現実を超えた真理を伝えてくれるという見方です。

夢の分類に関しておすすめしたい書物は、西郷信綱という方の『古代人と夢』（平凡社ライブラリー）。これは中世文学の中における夢についてまとめている本で、僕が大きな感銘を受けたのですが、西郷先生は以下のように夢を解釈しています。

「古代人にとっての夢とは、夢が一種のリアリティーだった」。

例えば、誰かが夢に出てきたら、現代の人は「ひょっとしたら、自分はあの人のことを好きなのではないか」、あるいは「こんなふうに自分は相手のことを思っているんだ」と考えるのではないでしょうか。ところが、中世の人は「むこうが自分を思っているから、夢に出てくる」と考えます。つまり、「自分が知っている以上の真理を夢が伝えてくれる」から、「夢にリアリティーがある」と考えるんですね。

では、われわれ「現代人」はいつから、夢と現実とは違う、夢は「心の中」だけのものと考えるようになったのでしょう？　この答えはなかなか難しい。

ここで、西郷先生は「夢が現実だと考える人を、古代人と呼ぼう」と提案しています。これには僕は「そうか、なんて鮮やかな発想の反転なんだ！」と大きく膝を打ちました。ひょっとすると、われわれ21世紀の人間であっても、「夢が現実」と考える人がいれば、西郷先生の分類でいうと「古代人」なんですよ（笑）。

ルーマニア出身の宗教家ミルチャ・エリアーデ（Mircea Eliade, 1907年～1986年）という方も、夢について西郷先生と同じようなとらえ方をしています。ミルチャの場合は、「宗教的人間」と「近代人」という言い方をしています。

　時間や空間に濃淡があると感じる人、聖なる時間と俗なる時間があると考える人、聖域にはみだりに入っていけないと感じるような人たちのことを「宗教的人間」と呼び、合理的で、世俗的な人たちのことを「近代人」と呼びます。

　西郷先生ふうに言えば、「古代人」が「宗教的人間」、「現代人」が「近代人」ですね。

　歴史的に見ると、21世紀に古代的な考え方の人間がいるなら、紀元前にも近代的な考え方の人間がいたとしてもおかしくありません。実際に、昔の人が夢を全部が全部、真のリアリティーとしてとらえていたかというと、けっしてそんなことはありません。

　それは、古代の本を見てもはっきりしています。


　古代の書物で、夢にまつわる有名な書物といえば『オデュッセイア』（ホメロスにより伝承された古代ギリシアの長編叙事詩）に出てくるエピソードです。

　たいていの夢の本に書いてありますが、「夢は二つの門を通ってやってくる」らしいのです。次のような一節が書かれています。


「客人よ、夢というものは把え難く、その意味を判ずるのは難しいもの、また人間には夢で見たことがすべてその通りになるわけでもありません。朦朧《もうろう》として実体のない夢の通う門は二つあって、その一つは角《つの》で、もう一つは象牙で造られています。人の見る夢のうち、挽き切られた象牙の門を出て来たものは、実現せぬ言葉を伝えて人を欺きますが、磨かれた角の門を潜って出る夢は、それを見た人に見たとおり実現してくれます」

（ホメロス『オデュッセイア』松平千秋訳・岩波文庫 下巻）

「象牙の門」を通って来た場合、夢は虚偽であり、本当のことを語っていない。それに対して、「角の門」を通ってきた夢は、真実を告げていた、というのです。

特に古代ギリシアでは、夢の文化がとても盛んだったようです。

アスクレピオス神殿という密儀宗教をおこなう建物があります。

アスクレピオスとは、ギリシア神話に登場する万能の医者の神様。あらゆる病気を治せるばかりか、死者を蘇らせることもできたといいます。勝手に人を生き返らせるので冥界の王ハデスは困り、全知全能の神ゼウスに頼んで、アスクレピオスを雷に打たせて殺してしまいました。それで、死んだアスクレピオスは空に上げられて蛇つかい座になりました。

ちなみになぜオフィウクス（Ophiuchus, 蛇つかい座）かというと、蛇が巻きついた杖を持って歩いていたからです。蛇は何度も脱皮して、何度も生まれ変わりますよね。そのため不死の象徴だったわけです。今では、アスクレピオスは病院や医大などでシンボルマークとして使われています。

さて、そのアスクレピオス神殿には、法隆寺の夢殿（聖徳太子を供養する堂として建てられた堂。かつて太子が法隆寺に参籠して瞑想にふけった時に黄金でできた人が現れる夢を見たという故事に基づく）ではないですが、「夢ごもり」をする人が参拝していたそうです。おもに病気の人が神殿に通っていましたが、例えば歩いて神殿まで来られる人、きちんとお布施ができる人というように、受け入れる病人にはルールがいくつかあったようです。

神殿の中に入ると聖なる部屋があり、病人はそこに導き入れられて、クリーネ（「クリニック」の語源となった言葉です）と呼ばれるベッドに横たわります。そこで何泊かするうちに夢を見て、その夢の中にアスクレピオスがあらわれて、いろいろと治療法を教えてくれた、ということがあったそうです。

これが記録に残っている最古の夢によるサイコセラピーということになります。フロイト派の精神分析では、被験者はカウチに横になって、自由に話をさせながら精神分析をやるわけですが、その元型が古代ギリシアにあったわけです。

また、ローマ時代になると、今度はアルテミドロス（Artemidorus, 2世紀に活躍したギリシア人）という人物が登場します。この人は、『夢判断の書（Oneirokritika）』という最古の夢大辞典を書いた人物です。現在も城江良和訳『夢判断の書』（国文社）として読むことができます。この本では、夢を「飛ぶ夢」「食べる夢」「トイレの夢」「旅する夢」などこまかく分類していて、夢にあらわれたあらゆる事象の解釈を示し、きちんと整理されています。その項目を見ると、驚くべきことに、ローマ時代の人が見ていた夢と現代人が見る夢とは、あまり変わらないんですね。

古代メソポタミアから始まり20世紀前半ぐらいまで、人類が夢に対してどのように考えていたかを網羅した『夢の王国 夢解釈の四千年』（河出書房新社）という本を描いているー・ザントナー氏も、「現代の夢占い本やフロイト派の通俗的な解釈とあまり変わらず、驚くほど、共通項がある」と述べています。

ということは、少なくとも二千年くらい、人間は同じ夢を見続けていて、同じような印象を夢の事象に対して持ってきた、と言えるのではないでしょうか。

このアルテミドロスの『夢判断の書』が群を抜いてすごいのは、単に夢の項目数が多いからというわけではありません。アルテミドロスはなんと、夢を見る者を「社会階層」で分類しているのです。たとえば自由民、富裕層が見た夢の場合と、貧乏で育った人が見た夢の場合、奴隷が見た夢の場合、というように。同じように「死」の夢を見たとしても、詩人が見るのと、奴隷が見るのとでは異なる解釈が書いてあるのです。これこそ、現代の精神分析的な解釈と通底しているといえるでしょう。

「夢のシンボルは、ただ普遍的な意味だけではなく、その人固有の状況に照らし合わせないと正しく判断できない」とも書いてあります。アルテミドロスは、どちらかというと近代的な夢の解釈をしている人であることがうかがえます。

夢はつねに、目に見えないリアリティーとの交流の門でもありました。

僕は十代のころからオカルトの世界に興味がありまして、高校生の時に背伸びをして最初に手にした本の一つが20世紀に書かれた『神秘学概論』という本でした。著者はドイツの神秘学者ルドルフ・シュタイナー（Rudolf Steiner, 1861年～1925年）。日本では「シュタイナー教育」で有名ですね。実は本人はとんでもないオカルティストなのですが、日本では教育者として、うまく紹介されたんでしょうね。

その『神秘学概論』によると、いきなり冒頭に、「人間は、四つの体からなっている。肉体、エーテル体、アストラル体、さらに自我である」とあるのです。ほかの人の分類では七つとかあるのですが、シュタイナーの場合は四つでした。

さらに「眠っている時と死んでいる時は、四つの体の階層の状態が違う」というのです。

下の図のように肉体、エーテル体、アストラル体、自我と並べた時、寝ている状態の時は、アストラル体から離れて切り離される。しかし、エーテル体とくっついているから、ちゃんと生きている。死ぬと、エーテル体から上が全部離れてしまうというのです。

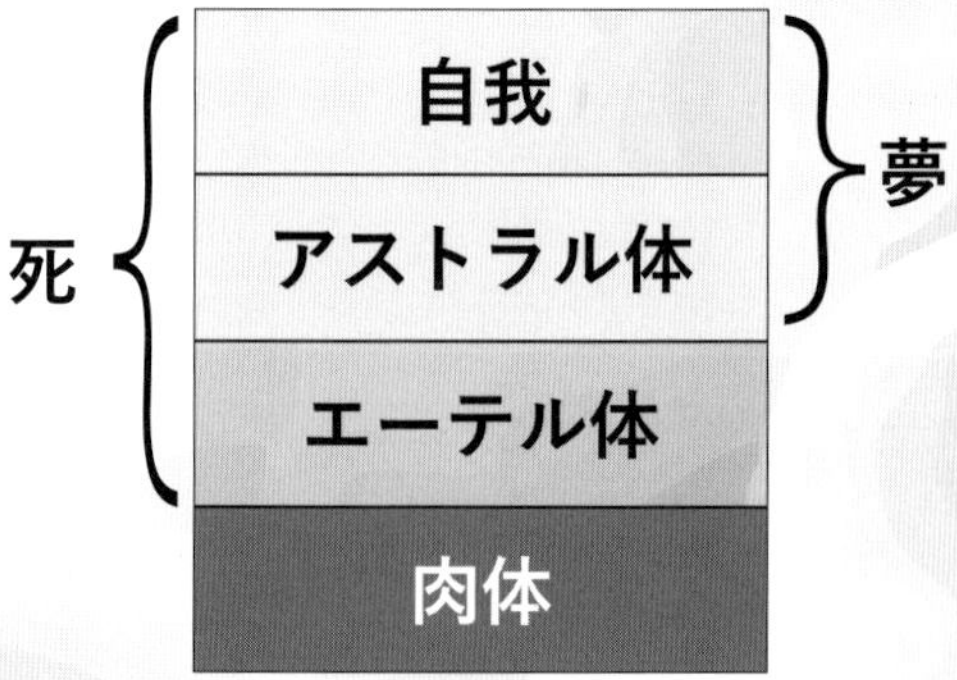

【図1】

僕はシュタイナー信奉者ではないうえ、ましてやこの本を読んだ当時はまだ高校生。「これはわけが分からん！」と、すぐに投げ出してしまいました。しかし、大人になった今、改めて考えてみると、この説は非常によくできています。

じつは、ヨーロッパの哲学的な伝統にのっとっているんです。プラトンやアリストテレスは、人間の魂を「動物的な魂」と「植物的な魂」というように分けて考えていたんですね。だからシュタイナー氏の説も、「魂の機能」として考えれば、そんなに突飛な話ではない、と今では理解しています。

いずれにしても、アストラル体から上に行くということは、そのまま「夢」をあらわしています。「夢とは、アストラル体が体験したことなのだ」という解釈です。ということは「肉体とは違う次元の精妙な何かを、夢では感じているはずだ」というのがシュタイナーの考え方の基本になるわけです。

シュタイナーの考え方のルーツがヨーロッパの伝統的な考え方にあるのだとしたら、先ほどご紹介した『オデュッセイア』の「象牙の門」「角《つの》の門」という考え方に通じるものがあるのではないかという気がします。

伝統的な占星術において、夢が配当されているのは9ハウス。

9ハウスは、神と宗教、旅、巡礼をあらわすハウス。

つまり、目に見えない神からの世界、神聖な世界からのメッセージをもらえるチャンネルとして、夢というものがあった、と考えられていたわけです。

神々からのメッセージの通り道?!

夢占いの伝統についてお話したいと思います。

そもそも「占い」という単語は、ヨーロッパでは「Divination（ディビネーション）」といいます。「Fortune-telling（フォーチュンテリング）」と訳す人がいるのですが、英語圏の、とくに占星術をやっている方には、できれば使わないほうがいいでしょう。というのも、フォーチュンテリングは「当たるも八卦、当たらぬも八卦」といった、オカルト的な、遊びや詐欺といったニュアンスがついてまわります。そのため、バカにされたという印象を与えてしまうからです。

ディビネーションというのは、「Divine（ディバイン）」、つまり「神の、神聖な」といった形容詞から派生した名詞で、「神様からのメッセージを受け取る」といったニュアンスを含みます。そのためディビネーションは、「神々との対話」という意味を持つのです。

日本におけるディビネーションの本義といえば、「おみくじ」です。これはディビネーションが非常にカジュアルなかたちになっているものの代表で、もともと「おみくじ」は「御御《おんみ》くじ」です。大切な神のくじということ。でも、これを神様からのメッセージと受け取って、ものすごくありがたがる人はあまりいません。

東洋におけるディビネーションは、日本の総合的な占術書によれば、「命《めい》」「卜《ぼく》」「相《そう》」の三種類に分類されるそうです。「命」は、生年月日や星の動きをもとにしたもの。「卜」は、易が代表でトランプ占いやダイス、タロットなど偶然性のもの。「相」は手相、人相、地相、風水など、形によって占うものです。ただ、僕個人としてはこの三つの分類法について、あまりピンときていません。

一方、西洋ではディビネーションの分類のルーツをたどると、マルクス・トゥッリウス・キケロ（Marcus Tullius Cicero，紀元前１０６年～紀元前43年）という古代ローマの非常に有名な学者にたどり着きます。

キケロによる分類法だと、二つに分けられます。

一つは、「Inspired Divination（インスパイアード・ディビネーション）＝霊感による占い」。あるいは「Natural（ナチュラル）＝自然による占い」。

もう一つが、「Inductive（インダクティブ・ディビネーション）＝推論による占い」。あるいは、「artificial（アーティフィカル）＝人工の、人間の手による」「Human（ヒューマン）＝人間の」。

今でこそ、知性によって成り立たせる推論による占いのほうがなんとなく学問っぽいというイメージがありますが、昔は、神が直接語りかけてくるような占いのほうが「正確」とされていました。人間の浅知恵で行う占いはまがいものである。だからインダクティブは不正解で、神からの神託を直接受け取るインスパイアード・ディビネーションのほうが正確、と考えられてきました。

ところが、いつ神託が下されるか分からないから、たとえばカードを展開する、星の動きを見るといった、ある種の法則性を使うことによって占いをするという分け方をしていたんですね。

なかでも典型的なインスパイアード・ディビネーションが、「夢」とされてきました。夢はどんな形でいつやってくるか分からないから、神々からのメッセージの通り道だと考えられていたわけです。そういう意味で、夢占いの価値はすごく高かったんですね。しかし、夢の全てが神様からのメッセージというわけではありません。


この後、「新プラトン主義」という哲学が登場します。プロティノス（Plotinus, 205年頃〜270年頃）という人が創始者で、最大の特徴は「流出論」。プラトンのイデア論を継承したとされ、物質的なわれわれの世界は全て、無限の存在である「一なるもの（＝神様）」の理想的な世界から流れ出ている「光」の働きによるものである、という考え方です。

さらに時代が進むと、新プラトン主義の哲学者イアンブリコス（245年〜325年、古代ギリシアの新プラトン主義哲学者）が登場します。魔術師として伝えられていて、特に「テウルギア」という神様を動かす術、神様が降臨する魔術を実際にやっていたとのことです。

その著書『エジプト人の密儀について』で、イアンブリコスは夢について語っていて、夢は「human dream（ヒューマン・ドリーム）」と「divine dream（ディバイン・ドリーム）」に分けられる、と言います。

ヒューマン・ドリームは「ファンタジー」という表現をしています。日常世界で起こったことがそのまま夢に現れたり、人間の想像力の産物であったりして、メッセージは不正確、よってあまり大した意味はない。

ディバイン・ドリームは「神様から直接インスパイアされているものが、時々やってきている」とされており、さらにこの二つは、次のような「夢の見方」によって区別することができるといいます。

ディバイン・ドリームというのは、朝方の夢とうつつの境界状態で見ることが多いと言います。さらに、夢の中でものすごく大きな音がするとされています。その轟音は「ブライズン」と呼ばれるものらしいですが、これは非常に興味深いことです。

なぜかというと、実はほかの神話的なテキスト、占星術のテキストにも「轟音」について書かれているのです。

たとえばスキピオの夢という話では、「幽体離脱をして、宇宙を全て見てしまう、さらに地球を中心にして星々が回転する時に轟音を立てている」といいます。ほかのテキストにも、「轟音は宇宙の星々が回転する音だ」と書いてあります。

実際に星の音なのかどうかは別として、同じ言葉が使われているということに注目すると、イアンブリコスが提唱するディバイン・ドリームというのは、夢の中で「星々の音を聞いている」ということになります。

また、ディバイン・ドリームの特徴として「目が覚めてからも強い光が残る」とも伝えられています。これらの特徴から、ヒューマン・ドリームと、ディバイン・ドリームを分けることができます。

この考え方に対応するものが、先ほどお伝えした『オデュッセイア』に登場する「象牙の門」と「角の門」なのです。

なお、もう一つ、これに対応する近い考え方に、カール・グスタフ・ユング（1875年～1961年）の「大きな夢」と「小さな夢」があります。「大きな夢」とは、集合的無意識に基づき社会全体のことを予言するもの。「小さな夢」とは、個人的な知識や経験に基づいたものである、と。ユングという心理学者は非常にユニークな人で、20世紀の知的な人物の中ではほぼ唯一といっていいかと思いますが、占いに対してオープンなばかりではなく、積極的に肯定をした数少ない人物の一人です。

まずは、見た夢が日常的なただの夢なのかを判断し、もしそれがユングの言う「大きな夢」ならば何を伝えたいのか、その解釈方法を人はずっと求め続けてきたのです。

ユング派心理学と占星術

「大きな夢」は「集合的無意識に基づく」と言いましたが、ユング派の心理学の構造を少しご紹介します。

ユング派の心理学では、人間の心は下が抜けている構造になっていて、個人の中でももっと大きな世界とつながっているイメージです。ちょうど海の中に浮いている氷山のようなものに例えられます。意識はいちばん上の氷山の海から突き出た部分で、その下には「個人的無意識」と呼ばれている領域があり、これは僕たち一人ひとりが生まれてから体験したことで忘れていることが無意識の中にループされています。

さらにその下には「集合的無意識」が存在していて、これは僕たちが生まれながらにして持っている物語やイメージをつくり上げる「心の構造」です。

例えば世界中のどこに行ってもドラゴン退治の神話を見ることができます。それはなぜでしょう。ふつう、一つの地域から別のところにその神話が伝播していったと考えますが、それにしてはあまりに多くの地域で、しかも文化的な交流が全然なかったと思われるようなところに似たような神話があります。そこで、これは人間の心が勝手にイメージや神話を生み出す構造を持っていると考えたほうがわかりやすいのではないか、とユングは考えたのです。それが「集合的無意識」というものです。

この集合的無意識の具体的な中身は、元型（アーキタイプ）という、神話を生み出す元があると考えました。そして、この元型的なイメージをもっともピュアなかたちであらわしたものが神話だと考えました。だからこそ、神話はいろいろな文化を超えて共通しているわけです。

また、これら集合的な無意識が個人の内側でどんどんあらわれてきやすい時は、意識水準が下がって海の下のほうに寄ってくる時だと考えます。つまり、夢を見ている時や想像している時など、自我の規制があまり働いていない時に、無意識的な世界が意識の中に上ってきやすくなると考えるわけです。

われわれ一人ひとりは個別の存在ですが、そこをずっと下りていくと人類ならだれでも共通しているような構造がある。物語の構造が一人ひとりの中にある。そしてそれを神話のかたちで僕たちは知ることができる、というのがユング心理学の基本的な理解です。

では逆に占星術はどうかというと、いちばん下に人間がいます。宇宙の外側に12の星座があって、いくつかの惑星たちがあります。一人ひとりのホロスコープは別々ですが、そのホロスコープをつくり上げている要素は12の星座といくつかの天体、つまり組み合わせが違うだけだと考えるわけです。

そして人間に対して、天体が圧倒的な力で、上から私たちにメッセージを送ってくると考えます。この揺り動かしてくる力は、神々のような神話的なイメージで理解できるというのが占星術の基本的な発想です。

さて、ユング心理学と占星術を180度ひっくり返してみるとどうなるでしょうか。ユング心理学では、自我や意識が下に来て、上のほうに集合的な無意識のレベルが広がっていきます。そして元型的な世界が上のほうに展開されていくわけです。

この構図は、実は占星術の発想と似ていることに気づくでしょう。集合的無意識を構成しているのは神話的な表現で、神話のキャラクターや物語で表現可能なキャラクターたちであることを考えると、実はユング派の心理学と占星術の伝統的な世界観は、180度反転させただけで構造的にまったく同じだということになります。

そしてユング派の解釈だと、昔の人たちが月は女神だと考えたのは、実は古代の人たち、昔の人たちは、僕たちの無意識の中身を外側に投げかけて投影していたという解釈をしてきて、伝統的な占星術の世界観を何とか生き延びさせようとしたのではないか、と僕は考えています。同じ論法をユングはキリスト教に対してもやっていますし、ヨーガに対してもやっていますし、錬金術に対しても使っています。

この考え方が正しいかはわかりません。ただ一つ言えることは、少なくとも17世紀ぐらいまでの人たちが考えていた夢の意識や、意識という言い方自体、近代的ということです。夢や心、人間観のありようと、20世紀の現代心理学が準備した人間観のあり方は、一見、違っているけれども鏡写しの関係である。あるいは内面化されたかたちで現代にまで生き残っている、と言えるのではないでしょうか。

そう考えると、夢は9ハウス、神々の世界とつながっていることが納得できると思います。

星の配置で夢を読み解く

さて問題は、神託とされるインスパイアード・ディビネーションを受け取った時、どうとらえるかでした。もし夢が神様からのメッセージならば、それを解釈する必要があるということで、霊媒や神託を受ける人が必要となります。聖書にも、夢解釈にまつわるエピソードがたくさん登場していますね。

ここで登場するのが、オーストリアの精神分析学者ジークムント・フロイト（１８５６年～１９３９年）です。フロイトが１９００年に書いた『夢判断』によると、夢は「変装」していると言います。「夢は、圧縮されたり隠喩を使ったり、独自の文法を使って自分のことを偽装している」というのです。

フロイトと違ってユングは、「夢は、夢の真意を語っているのだから、夢自体が最高の解釈だ」と考えます。

このように、夢の解釈については歴史的にずっと行われてきました。

その結果、西洋・東洋問わず登場してくるのが、陰陽師をはじめとした、占星術で夢を解釈しようとする知識人だったわけです。占星術による星の配置はある程度ロジカルに読み解けるうえ、象徴がはっきりしています。そのため、占星術によって謎めいた夢を解釈することができる、と考えられたのです。

では、占星術による夢解釈の方法について、実例を挙げながら紹介しましょう。

その典型的な方法論を書いている例の一つが、次の資料です。

17世紀半ばに、ロンドンで活躍したウイリアム・リリー（William Lilly, 1602年～1681年）という大占星術家が書いた『クリスチャン・アストロロジー』の436ページからの抜粋です。なお、このテキストは3巻本から成り立っていて、田中要一郎さんが訳を進めておられます。

436 *The Reſolution of*

CHAP. LXXVIII.

Terrible Dreames.

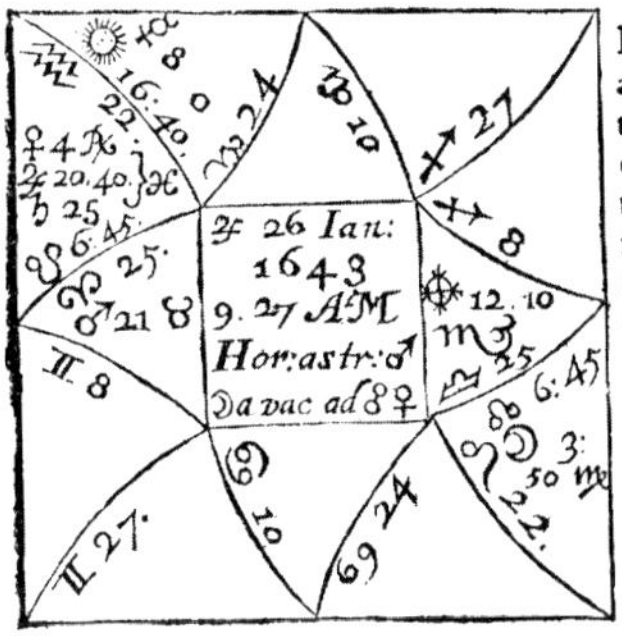

♃ and ♄ are Lords of the ninth accidentally poſited in the twelfth, caſting a □ aſpect to the cuſpe of the ninth : their poſition in the twelfth according to the beſt Authors, intimats the vanity of the Dream, and rather a Perſon or fancy oppreſſed wth various perturbations and worldly matters, then any other matter : But according to our judgement, ♂ being the onely Planet in an Angle, ſhall beſt expreſſe the cauſe of the Dreame, and whether it will tend to good or evill ; if we obſerve what houſe ♂ is Lord of, we ſhall finde he is Lord of the aſcendant and diſpoſer of ⊗, it being angular. I therefore acquainted him that the occaſion of his Dreames might be conſtrued two wayes ; one, by his too great care of his Eſtate and Fortune intruſted out, and now deſperate, becauſe ♂ was in ☍ to ⊗ ; and that his minde ran ſo much thereupon, that his Fancy was diſturbed, ſo that he could not enjoy that quiet and reſt by night which nature affordeth all Creatures. In the next place, becauſe ♄ is Lord of the tenth, which ſigniſies Office, Command, &c. and did afflict ♃ Lord of the ninth, or did impedite him at leaſt ; I told him I doubted he had loſt the beneſit of ſome good Place in the Common wealth, and that now he was ſolicitous how to live in that credit he formerly did : howſoe-

この本は、英語で書かれた最初の占星術の教科書です。ウイリアム・リリーはラテン語もできたので、昔の資料を読み込んで自分でテキストにまとめていました。とくに、1~2巻は、「ホラリー占星術」といって、占いたいと思った瞬間の時間のホロスコープによっていろんなことを判じている、まさにジャッジメントするための占星術です。難書ですが、この第2巻は第1ハウスから12ハウスまで分類されていて、たとえば、1ハウスなら自分自身のこと、2ハウスならどうやってお金のこと補っていくか、ということが書かれています。

抜粋箇所は、問題の「第9ハウス」についての章からです。原書には、「Dream（夢）」について、とありますね。この当時の活字はsとfの区別がほとんどできないですが、これさえ慣れれば夢について書いているとすぐに読めるでしょう。

少し脱線しますが、国も違うし100年ほど前なんですが、ノストラダムスの書物に使われたフォントは、これとほとんど同じです。それで、ノストラダムスがそのずっとその後に、19世紀に発明される気球のことを予言しているというんですね。熱気球を発明したのはモンゴルフィエ兄弟ですが、モンゴルフィエという名前まで詩の中で予言している、すごい、と。ところがなんのことはない、研究者の解説によると、fとsと読み間違いしていたんです。詩で書かれていたのは「モンゴルフィエ（mont Gaulfier）」ではなく「モンゴルシェ（mont Gaulsier）」。モン（mont）は山という意味で、つまり「ゴルシエ（Gaulsier）山」だったという解釈です。

夢のホロスコープ判断にもどりましょう。

抜粋箇所には、見た夢がヒューマン・ドリームなのかディバイン・ドリームなのか、夢を判断するやり方について書かれています。

ウィリアム・リリーは、9ハウスに注目しました。もし9ハウスに7つの惑星のどれかが入っているとしたら、その惑星が夢の意味をあらわしている、と。

たとえば、もし9ハウスに土星が入っていたら、その人をおびやかしているものが怖い夢を見させるだろう。その場合、土星が守護星である山羊座か水瓶座がどのハウスに載っているかを確認して、もし2ハウスに山羊座が入っている場合、お金の問題がその人に夢を見させている、と解釈します。

あるいは、9ハウスにラッキースターである木星か金星が入っていて、それが調和的な角度をとっているとしたら、とくに大きな問題ではないという判じ方をします。

実例が載っています。


「悪夢を見ました。何か意味がありますか？」という夢の相談で、どんな悪夢かは書いてありません。ホロスコープを見ると、第9ハウスには天体がありません。しかし、木星と土星が9ハウスの、ルーラーの（守護星の）夢そのものを象徴しています。この場合、木星が主ですが、同時に山羊座も9ハウスに入っている。木星は射手座、土星は山羊座の守護星であり、12ハウスに入っていて、しかも木星も土星も第9ハウスに対してスクエア（90度）の角度を保っている。そこでリリーの解釈によると、その人を何か悩ませていることが悪夢を見させているとなります。悪夢は神様からの重要なメッセージではなく、その人が日常的に思い煩うことから見ているにすぎない、と。

では、何がその夢のカギとなっているかというと、それは「火星」の位置。火星がアセンダント（地平線）の上に乗っていて、しかもパート・オブ・フォーチュンという富をあらわすポイントのルーラーになっている。オポジション（180度）になっている。

つまり、この人は自分の財産、とりわけ土地について心配なことがあって、それが悪夢の原因になったのでしょう。ではその財産はどうなるのでしょうか。感心なことに、「土地や財産に関しては失うことにはなるだろうけれども大損害ではありませんよ」とリリーは相談者を安心させています。

占星術を使った夢解釈とは、このように行うわけです。

人間は四つの体液でタイプが分かれる

リリーと同じ時代の人でグレアム・トービン（Graeme Tobyn）という方が書いた『占星医術とハーブ学の世界』（原書房）という本があります。ウイリアム・リリーと友だちだったニコラス・カルペパー（Nicholas Culpepper）という人の占星術の理論について書いたものです。

カルペパーだけではありませんが、17世紀ぐらいまで、人間の体質は「四つの体液」に分けて考えられてきました。もともとは医療の概念の一つで、僕たちの体は、四つの液体からつくられていると考えられています。英語でヒューマーというんですが、「あの人はユーモアがある人だ」という時の語源で、ヒューマーというのは、もともとは体液のことです。グッドヒューマーというのは、その人の体の中の液体のバランスがいい、だから性格もよい、ということです。

その四つの液体というのは血液、黄色い胆汁、黒い胆汁、そして粘液です。この四つの体液のバランスが崩れた時に、われわれは病気になったり、ビジュアルや性質、行動パターンが変わってきたりするというのです。

さらに、四つの体液は、火、水、風、土という宇宙を構成している四つのエレメントに対応すると考えられていました。それればかりでなく月や金星、彗星、土星といった惑星とも対応していて、季節の動き、あるいは人間の年齢によっても変わってくるといいます。

黄色い胆汁は、火に対応するので、黄疸体質の怒りっぽい人は、よく火の夢を見ます。

多血質（サンギン）は、風に対応するので、陽気な人が多いとされます。

粘液は、水に対応するので、おぼれている夢を見る傾向があります。

黒い胆汁は、地に対応するので、土に押しつぶされる暗い夢を見ます。

さらにカルペパーは、別の人の詩を引用して、それぞれの性格の人がどんな夢を見るか、対応させている項目もあります。そして実際の診断では、その人がもともと持っている体質が見えそうもない夢を見た時に注意しなければいけない、ということが書かれています。

これらは、夢が神様からやってくるのではなく、その人の生理学的な現象から引き起こされるものである、という解釈です。ですから占星術的な中にも、霊的な解釈ではない生理学に近い解釈も同時にあったことも覚えておいてください。

ちなみに四つの体液説は、もともとは「医療の概念の一つ」と言いましたが、実は17世紀になるまでのヨーロッパにおいては、占星術と医学は同じ学部で教えられたりしていました。当時は近代の西洋医学とまったく違う医学が行われていて、東洋の医学にかなり近いような発想法で医術を行っていました。医者と占星術家、薬剤師、今のアロマセラピーのルーツですが、ハーブを使うような治療者が明確に分かれてくるのが、17世紀の半ばぐらいの話です。

また、もともと人間には基本的に四つのタイプがあり、人の性格だけではなくて体質まで決定づけているという説があって、これがかなり一般的でした。こういう考え方は文学作品に登場するほどポピュラーでした。たとえば、ジェフリー・チョーサーが書いた『カンタベリー物語』という英文学上の大傑作の序章のところに出てくる一節。この物語は、カンタベリーに巡礼していくいろいろな人たちの話を書いたものです。

「私たち一行の中に一人の医学博士がいた。世界中で医学と外科のことでは、彼の右に出るものはいませんでした。それというのも、彼は占星術によく通じていたからです」

つまり当時、医者は占星術家でなければならなかったわけです。

「彼は星占いによい時を見計らって、いわゆる自然魔術の占星術によって患者を注意深く観察して処方しました。彼は患者の人型をつくるのに、星が昇る時に、そのよい位置を選んで決めるすべをよく心得ておりました。病気という病気の原因で、温寒湿乾、この四つは先ほどの火と水、風、土の四つに対応していくんですが、この体液のいずれであれよく知っており、どんなところに病気が生まれ、どんな体液からそれが生じていったかを知っているのです」

とも書かれていて、これほどまで医療と占星術は結びついていて、かつそれが四つの体液の説と結びついていたのです。

また『カンタベリー物語』には、こういう一節も出てきます。

「彼は血の気が多い多血質（サンギン）。だから色が白くてハンサムだ」

多血質の性質は非常に明るくて、人生を楽しむ朗らかな性格である。そういう人はだいたい色白で血色がよくて、金髪で背も高い。こういう気質だというのです。

黄色い胆汁が多い人は、怒りっぽくて、体力はあるけれども赤ら顔である。

粘液が多い人はいつも眠そうで、だるそうで怠け者で、顔色も悪い。何をするにもゆっくりしている。

黒い胆汁が多い人は、色が黒くて体も細くて、ひがみっぽい性質を持っていて、だいたい毛深くて……と、ろくなことが書いてありません。

ただ、15世紀のルネサンスの時代になると、黒い胆汁の解釈は大きく変わっていきます。黒い胆汁は一種の天才性の象徴だという解釈がなされていくようになります。なお、「黒い胆汁」とは「メランコリー」といい、日本語では「憂うつな」という意味の「メランコリック」という言葉がありますね。もともとは医学用語から来ていて、「メランコリー」とは「メラ（美白の敵・メラニン色素のメラ＝黒）」と「コレア（胆汁）」を組み合わせた単語です。

変化した20世紀の夢解釈

ところが、20世紀になって、占星術の考え方が大きく変わってきました。全体の解釈が近代寄りになり、神様からのメッセージではない、夢は9ハウスではない、という考え方が出てくるんです。

では外側に広がっていった神様の世界はどこで生き延びたのでしょうか？

これは僕の考えですが、人間の無意識という形に翻訳されていったのではないでしょうか。要するに、どこをさがしても神々がいない、神は死んだとされた場合でも、われわれは時々、ディバイン・ドリームやスピリチュアルを感じることがあります。どこで感じているかというと、私たちの心の中です。

昔なら、ドラマなどで誰かが死んでしまったら「星になった」とか「お盆になったらちゃんと帰ってくる」と考えられていたかもしれません。でも、今のわれわれは信じることができないので、「心の中に生きている」と考えます。つまり自分の内的世界こそ、唯一、残されたスピリチュアルワールドなのです。

さらに20世紀になり、牡羊座から始まって魚座で終わる12の星座は、「人間の心の成長マップだ」という考え方が登場します。たとえば、牡羊座なら「I am（私は存在する）」、牡牛座なら「I have（私は所有する）」……というように、宇宙と一体化しているという解釈をされるようになりました。本来は伝統的に12のサイン（星座）と12のハウスは全く別物でしたが、数が同じなので、やがて同じものとして考えるようになりました。

現代の深層心理学、特にユングの考え方では、意識と無意識とどちらが先かというと、無意識が先にあると考えます。赤ちゃんを見るとわかりますが、僕たち大人と同じような意識は持っていません。寝ているかどうかわからない世界にあって、1日の大半を実際には寝ているわけです。ときどき起きてパッとお母さんと目が合った時に、最初の意識の萌芽が生まれてくる。これが意識の目覚めである1番目の状態だと考えます。

1番目のハウスは「I am（私は存在する）」、つまり誕生を象徴していると考えます。心理学の言葉で言えば、無意識の世界から自我が分かれてくる状態だと考えます。

ここから成長していき、12番目のハウスで再び死の世界に入っていくと考えます。ですから1番目の1個前は子宮の中でもあるし、死んでから帰る世界でもある。そして意識と無意識がまだ未分化の状態を象徴していると考えるわけです。

この解釈にのっとっていくと、第1ハウスの牡羊座で「私」の誕生だとしたら、その一つ前の第12ハウスは魚座で、「私」が誕生する前。ということは、自我意識が生まれる前の「広大無意識の世界」と解釈できます。私の中に隠されている力は「無意識」とされ、それが第12ハウスの「夢」の源泉である……と解釈されるようになったのではないかと、僕は推論しています。

トレーシー・マークスさんの本から、実際の夢解きを見ていきましょう。

カレンさんという人の例では、次のような夢を見たといいます。

夢の中で、カレンさんはあるコミュニティーに参加していて、グル（導師）が高いお立ち台みたいな所から説教をしていて、たくさんの群衆がいる。自分もその中で話を聞いている。すると、雨が降ってきた。最初、弱い雨だったのが、だんだん強くなってきたけれど、みんな話を聞きたくて頑張って聞いている。だけど、お父さんみたいな人が出てきて、「もう、やめなさい」と言い、自分だけ建物の中に連れていかれた、という夢でした。

カレンさんは、実際にあるスピリチュアルの信者さんで、最近グルに対して疑いの心を持ち始め、独立しようと思っていたところだったといいます。


トレーシー・マークスさんの解釈によると、12ハウスにある土星と木星の葛藤というのが、彼女がもともと持っている葛藤らしいです。11ハウスというのは、コミュニティー、グループをあらわします。

ここで表現されているのは、父親的な権威主義的な人とグループ、そして自分自身の葛藤を表現していることになります。「それこそカレンさんの人生のテーマだから、あなた自身の力をどうやってこれから使っていくのかを考えなさい」という解釈をしていたそうです。

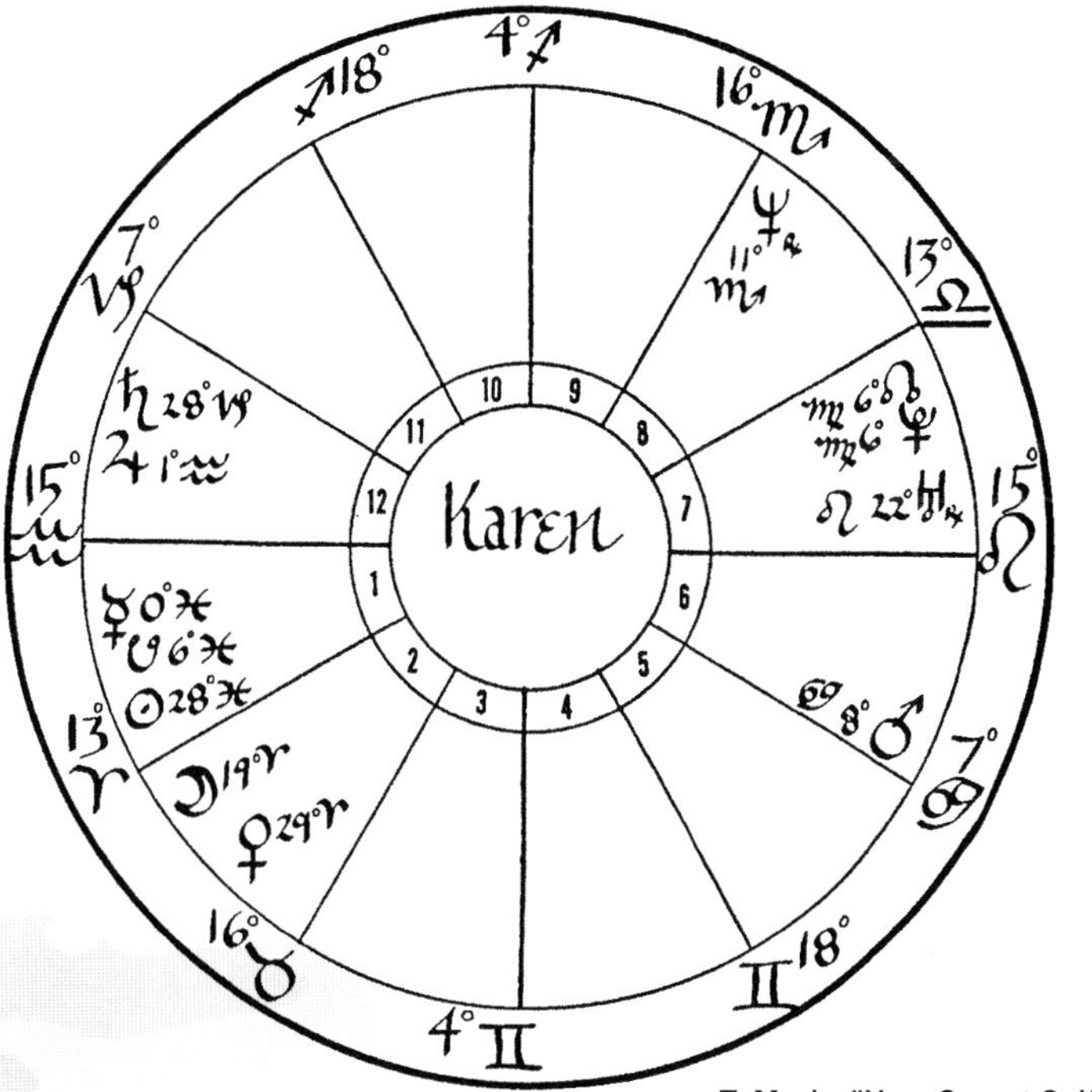

T. Marks "Your Secret Self" より

ただし、12ハウスだけに注目するのではなく、ホロスコープ全部がこの地図なのだ、と考える人たちも当然いて、たとえば、ユング派の分析家の一人であるリズ・グリーンという人は、その典型です。

リズ・グリーンが自分の本『Astrology of Fate』の中でクライアント、相談者に対して、夢とホロスコープをどんなふうに使っているか、ケースヒストリーとまではいかないまでも、こういう例があるということを紹介していたので、それを孫引くかたちで、ご紹介します。

クライアントの女性アンジェラ（仮名）は結婚問題において悩んでいます。特に性的なつながりという面でうまくいかないことを悩んでいるということで相談に来ました。その時に、ユング派の分析家である彼女のところでは、当然、夢を持ってこられます。これがこんな夢でした。

夢の中で私（アンジェラ）は16歳ぐらいの白い花嫁衣裳を着たとてもきれいな女の子と一緒に部屋にいた。彼女は金髪で、青い目をしていた。ちょっと浮ついた感じのお父さん娘、甘えっ娘のように夢の中で感じられた。その時に同じ部屋の中には、その少女のことをすごく好きになった色黒、黒人の非常に苦しそうな顔をした若者がいた。その男の人はものすごい暴力的な衝動にとらわれていて、ナイフで彼女の胸を突き刺した。その女の子は当然血を流して苦しそうに死んでいく。その死んでいく女の子を、夢見手、ドリーマーであるアンジェラは抱きしめます。

その時に、もう一人の人物が部屋の中にいることに気がつきます。その人物は老いた女性で、やはり黒人の女性です。そして奇妙なことに、人が死んでいくのに、場違いなほどにとても満足な顔、雰囲気をかもし出している。

さらに彼女はこういうふうに感じるんですが、この若い男に殺人を起こさせたのは、実は年老いた女なのではないか。この年老いた女は実は、自分が抱きしめている少女のお母さんだったことに気がつくという夢です。

ここでリズ・グリーンは、アンジェラのホロスコープを持ち出し、夢と関連づけます。

彼女のホロスコープを見ると、男性を表す、あるいは自分の中の性的な衝動とか、心のエネルギーそのものであるリビドー、あるいは攻撃性を表す火星、マース、戦いの神様の火星と、冥界の王様であるプルトーがほとんど同じ位置にありました。

ここでの現代占星術の解釈では、彼女の心の中で起こっている出来事として、戦いの星及びセックスの星である火星と、冥王星＝冥界の王ハデスのキャラクターが合体している。ハデスは、ギリシア神話の中で、地上で花を摘んでいたペルセフォネという乙女の神をレイプして、地下に連れさってしまうんです。そういう神話を夢の中で繰り返していたんです。

そして、それとシンクロするかたちで、彼女は8歳の時に義理のお父さんにレイプされているような事件も起こってきている。さらに彼女のレイプ体験は1回ではすまなくて、10代の時に2回も通り魔的なレイプに遭っているということです。

彼女の中にはものすごく怒りの感情、アグレッションとか、性的なものに対しての恐れと怒り、そういうものが抑圧されている。そして彼女に直接的に暴力を働いた義理のお父さんや、行きずりの人に対しての暴力性に対しての怒りが、そこで十分意識化されているんですが、この夢を見てわかることは、実はこの女の子に暴力を働くようにそそのかしていたのは、そのお母さんだったということが夢の中に出てくるわけです。

リズ・グリーンの解釈では、もしかするとクライアントの心の中に、母親に対しての隠れた怒りがあるのではないか。そういうものを意識化していって、自分の中のイノセンス、全部他人が悪いんだと考えるごう慢な無垢さを乗り越えるような時期に、今やってきているのではないか。彼女自身が持っている星の配置を意識化していくことによって、そういうことが変えていけるのではないか、という解釈がなされています。

リズ・グリーンは、夢と同時にホロスコープ全体のシンボリズムを対応させつつ、神話と夢の中のモチーフを重ね合わせながら、夢とアンジェラの個人史を折り合わせる、というアプローチをやっているわけです。

これまでの流れを整理しましょう。

古代の人たちは「夢は神様からやってきたもの」と考える人たちもいた。もちろん、それだけじゃないという考え方の人もいた。夢は神様の言葉だからジャッジするために何かほかのことが必要と考える人たちもいて、それを神官たちが行い、その役割を伝統的に占星術家も担っていた。だからこそ、夢は、第9ハウスの管轄であったけれども、近代に入ってから、夢は、神様の世界ではなく、人間の無意識という、仮定された領域と考えられるようになったので、第12ハウスの管轄というふうに変化していきました。

ところが20世紀になってホロスコープ自体を「人間の成長マップ」と考え始めるようになり、夢と星を「合わせ技《わざ》」として解釈する、精神分析的な占星術の人たちも登場し始め、今に至る……。占星術と夢の関係性ということを考えていくと、こういう流れが浮かび上がってくる気がします。

次にご紹介する二つの例は、夢に関するセミナーにおいて、参加者の方の夢をシェアさせていただいたものです。

夢のシンボリズムとホロスコープを照らし合わせながら、試しに行ってみた解釈をご紹介してみたいと思います。

「夢判断」ケーススタディー

ケース1 洞窟の中で長剣に見入っている

夢の内容

Sさん　男性
1973年11月19日
20時30分　東京生まれ

薄暗い洞窟もしくは地下室のようなところで、私を含めた数人のメンバーが、一振りの長剣を手に取って、見入っているという夢です。剣は抜き身で両刃は銀色に光り、柄は重厚な造りで、重量感のある立派なもの。そして突然、私は気づくのです。

この部屋？全体をぼんやり照らしている光が、この剣から発されているものだと。もし鞘があって、そこに剣をおさめたら、真っ暗になってしまうのではないかと。

その時の気持ちですが、最初は、静寂の支配する重苦しい場所ながら、剣をエクスカリバーになぞらえるなど冗談を言い合って楽しんでいるのですが、光が気になってからは、他の人が目に入らず、剣に意識が集中していき、神秘を体験する時特有の、漠然とした不安と静かな興奮に揺れている感じです。

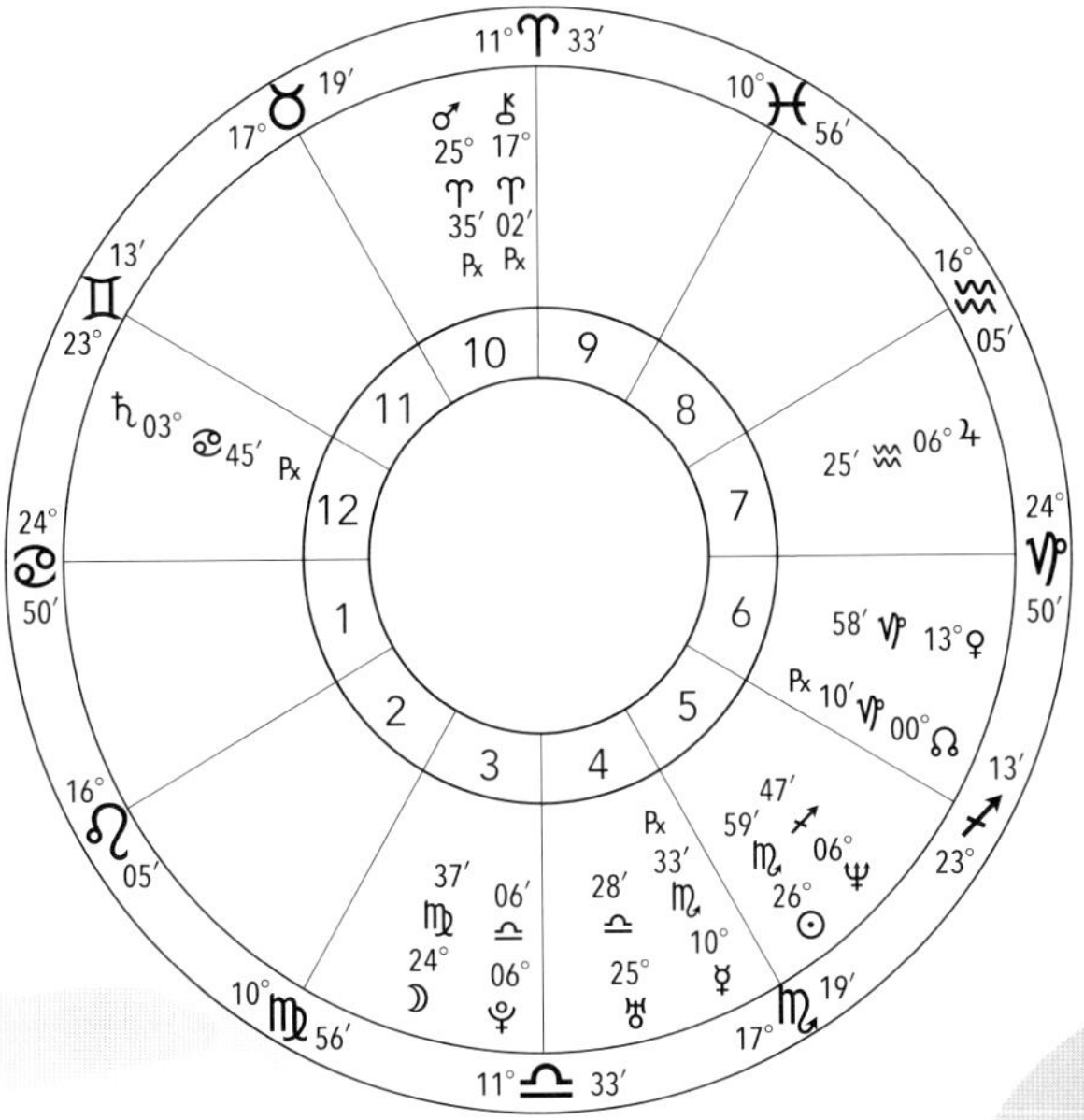

【Sさんのホロスコープ図】

夢判断

この夢は、かなり神話的なもので、さすが、占星術に関するセミナーに積極的にご参加下さる方のものだなと感じました。

連想でも夢に登場する剣をエクスカリバーに例えるなど、神話や伝説にお詳しい方のようです。

剣は夢占いの伝統では男性のエネルギーを象徴しています。占星術でいえば、自然に考えれば、当然、火星でしょう。

Sさんの出生ホロスコープを見ると、ホロスコープの天頂に牡羊座の火星があって、極めて目立っています。牡羊座の火星は自分自身の星座にいるわけですから、極めて強力で人生の重要な鍵を握っています。しかも火星は太陽と月のミドポイントにあり、天王星とも正確に１８０度でかなり激烈なエネルギーの持ち主。アセンダント蟹座の穏やかなイメージと裏腹に、独立心が旺盛で内側に鋭い剣を抱えておられるという印象です。

しかし、傷を表すカイロンが火星のそばにあってその男性性や攻撃性をどんなふうに表現していいのか、これまでには恐れや不安もあったのではないでしょうか。「仲間の目が目に入らなくなり剣の光に集中する」タイミングが来ているのかもしれません。

おりしも今、ちょうど天王星のハーフリターンをお迎えになるところで、人生の折り返し地点にかかる年齢です。

ここから、ようやく自分自身の抜き身の、光り輝く「剣」をどんなふうに使うのか、どんなふうにそれを見つけていくのか、ということと向かい合う時期になってきた、ということではないでしょうか。

Sさんのコメント

「ご指摘の通り、男性性や行動力など、いわゆる火星的な要素は、牡羊座がそれを強調していることもあり、私の人生において重要なテーマであり続けています。

思い出してみると確かに、武器や闘いは、夢によく出てくるものの一つです。剣の対極にありそうな盾も、私の夢に頻出するアイテムですが、これも戦闘用の防具であり、鉄製であればなおさら、火星のシンボリズムと一致しますね。

今は、トランジットの天王星が、ネイタルの火星を刺激しているために、守りの盾というより切りひらく剣が、夢の主役になっているのだと思いました。

実際まさに、現在、人生の転換期であり、ブレイクスルーの必要を感じていたので、この解釈は大きなヒントになります」

ケース 2

電車で乗り換えた時、行先に迷う

Mさん　女性
1965年1月22日
14時29分　大阪生まれ

夢の内容

宮城で電車を乗り換え、待ち時間に売店とトイレに行きました。10時50分に駅に戻ると、電車は10時48分に出てしまったあとでした。温泉泊まるところがない。友人はいないに行くか？（夢を見た日は7月6日の夜だったか明け方だったか、7日かもしれません）。

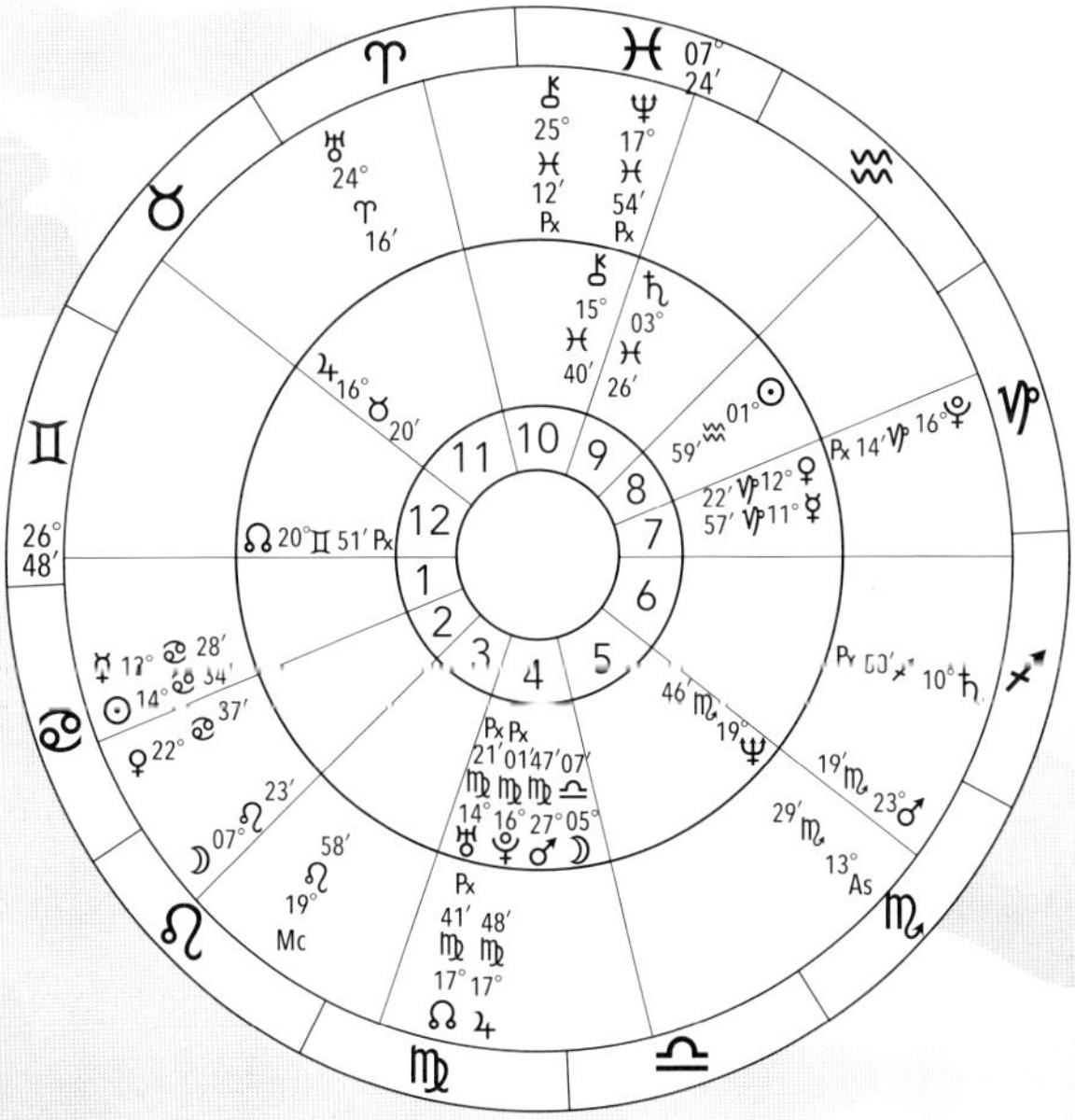

【Mさんのホロスコープ図】
外円は夢を見た時のチャート

夢判断

Mさんの夢は、乗り物に乗っていて、乗り換えるという比較的典型的な夢です。みなさんの中でもこのような夢を見ることはよくあるのではないでしょうか。

夢の中の乗り物は、しばしば「人生行路」を表しています。バイクや車など自分自身で運転していく乗り物は、独立した主体的な生き方を示すものでしょうが、バスや電車といった「乗合の乗り物」は、Mさんが社会性を大事に、周囲の人とのバランスや集団への適応を大切にして生きておられることを示しているように思われます。

しかし、トイレというまったく生理的で、個人的な理由のためにその乗り物を降りられた。そうすると、わずか二分の遅れで乗っていた電車が先に出てしまった、ということです。もしかすると、Mさんの個人的な、あるいはプライベートなことが原因で、今の社会性の高い生き方から「降りなければならない」ことになるのではないか、という気持ちが表れているように感じます。そこで降りたところで泊まるところがなく、友人もいないので温泉にいく、というのは本来の自分のあり様などを探していく時ということかもしれません。

ホロスコープを見ると、チャート全体を代表する水星（アセンダントのルーラー）は人間関係を示す第7ハウス、しかもまじめなやぎ座にあり、かつMCにも土星があって社会の権威などをきちんと考える人であった前半生から、より自分自身の主観的な生き方にシフトしていこうとされているのかもしれません。

この夢を見た日には、トランジットの水星が出生の水星にほぼぴたり180度、（水星は交通の普遍的な象徴です）、また天頂を運行する海王星が人生の方向を大きく揺らぎつつあり、ちょっと今の方向を考え直す時になっているということかもしれません。集団の中での優等生ということばかりではなく、自分自身の内的な世界を大事にする時になっているのでは?

Mさんのコメント

私は、通訳や翻訳の仕事をしていますが、海外にスピリチュアル・ヒーリングの勉強をしに行くために準備中です。

この夢を見た時は、自分の一存で決めたことで、職場の人たちに迷惑をかけるかも、と気になっていたところでした。

時刻どおりに発着する電車を「これまでの仕事」とすれば、そこから降りて行こうとするのは「トイレや温泉」。どちらも水と関係ある場所ですから、これから学ぼうとする精神世界（＝内的な世界）の象徴かもしれません。

人生の転機と夢、チャートとの相関性は面白いですね！　改めて、現状と指針を見つめることができそうです。


（第3章は、２０１６年8月5日　説話社セミナールーム「ちえの樹」で行われた夢に関する講座の講義録に加筆したものです）

Column

映画の中に描かれる「元型」

元型は、別に夢の中に出てくるばかりではありません。人々が愛する物語などにも、夢と同じように元型が見事に登場してくることがあります。とくに、人気のある映画は、たくさんの人が同時に見る夢のようなものですから、夢を解釈するのと、同じように扱うことも可能なのです。

例えば、皆さんもよくご存じの古典映画「スターウォーズ」シリーズ。今回は「エピソード1　ファントム・メナス」を参考に考えてみましょう。

主人公アナキン少年（後の、ダースベーダー）は、辺境の惑星に暮らしています。ですが、この少年は、すばらしい才能の持ち主。9歳で人形型のロボットを作ったり、飛行艇レースに出て優勝したりします。しかも、この少年は何よりすばらしい「フォース」の持ち主。

人はこのようなあどけない子供の中に、何か神秘的で天才的なものを見ようとします。これは典型的な「神的な子供」の元型。新しい可能性を秘めたものとして、人が期待するものです。

その少年は、冒険の旅に出て危機に陥り、それを乗り越えていきます。こうして少年は、英雄になるのです。その時に対決したり、戦ったりする相手は「シャドウ」にほかなりません。

アナキン少年は、美しいアミダラ王女に恋をしますが、この王女こそ、理想の女性イメージ「アニマ」の元型。

また、少年を導いていくのは、知恵と経験に優れた「老賢者」たちなのです。

いかがでしょう。言葉を尽くして、説明するよりも、このように物語で言ったほうが「元型」を理解することができるのではないでしょうか。そして、単純な物語でありながらも、人々を圧倒的に惹きつけるのは、こうした元型的な要素を、この映画がふんだんに取り入れているからにほかならないことがわかるでしょう。

夢は、「スターウォーズ」よりもずっと複雑ですが、それでも、このような映画と同じような元型が活躍しているのだ、と考えてみてはいかがでしょう。

おわりに　～新しいアプローチで夢の解釈の幅を広げて

いかがだったでしょうか。あなたの夢の世界が今までよりも、もう少し身近になったでしょうか？

この「占い入門」シリーズで、夢占いを扱うというお話をうかがった時には、少し戸惑いました。

というのも、夢占いの本というのはなかなか作るのが難しいのです。

まず、夢の象徴は本来は「この夢を見たらこんなことが起こります」というふうには公式化はできません。同じ馬の夢でもその人の状況によって何を表すかは千差万別ですし、本当のところは、その本人にすらわからないもの。その場である程度、納得できる解釈ができたとしても、その背後に隠れていた本当の意味が、何年もあとになってからやっとわかる、ということすらあります。

また夢のシチュエーションは、まったく個別的なもので、「自分の見た夢が夢占いの事典にはない」ということのほうがほとんどなのです。今、出ている夢占いの事典は、なるべくたくさんの夢を取りあげようと、どんどん分厚くなってゆく傾向がありますが、この入門シリーズでは、ボリュームを増やすのはちょっと企画の主旨にずれてしまいます。

そこで今回は、ほかの本にはほとんどないアプローチとして、夢と占星術の関係を一つの柱としてみました。入門というには逆に、高度になってしまったかもしれませんが、星の象徴と夢を照らし合わせることで、その解釈を広げていくことができればと考えています。

夢と占星術の合わせ技ができるようになれば、あなたの夢の解釈の幅はぐっと広がるでしょう。

それでは、あなたに素敵な夢が訪れますように。

鏡リュウジ

出典

「あなたの魂を解き明かす　シンボリック夢事典」（『ミスティ』1999年9月号特別付録）鏡リュウジ著

「あなただけの人生の物語を紡ぐ　夢占い事典」（『ミスティ』2010年8月号別冊付録　鏡リュウジ監修）を大幅に加筆・修正したものです。

参考文献

■『夢判断』外林大作　光文社　1968年

夢占いの本はそれこそ無数にありますが、中でも先駆的でユニークなのがこの本。

一応フロイト的な解釈に基づく夢判断の本ですが、ほとんど夢占いのようなもの。

解釈がかなり性的なのを割り引いて読む必要がありますし、時代的な制約もありますが、おそらく今出ている多くの夢占い本の種本になっているのではという印象も受けます。

■『夢の王国』M・ポングラチュ、I・ザントナー著　種村季弘ほか訳　河出書房新社　1987年

「夢解釈の四千年」というサブタイトルのとおり、夢解釈の歴史を追いかけた重要な基本文献。夢に関心のある方はぜひ、こちらを参照されたい。

■『夢判断の書』アルテミドロス著　城江良和訳　国文社　1994年

ローマ時代の夢判断の書の翻訳。2000年近くも前の夢判断がいかに現代のものに近いかが伺えて興味深い。

■『夢判断』フロイト著　高橋 義孝訳 新潮文庫　1969年

精神分析の創始者による記念碑的著作。フロイトがどのように夢を捉えていたかをこの本から学ぶことができる。

■『夢分析Ⅰ、Ⅱ』ユング著　入江良平訳
人文書院　2001年

ユングが行った夢に関するセミナーの記録。読破するのは難しいけれど、ユングによる夢の分析のアプローチがどのようなものであったかが分かる貴重なもの。

■『ユング　夢分析論』ユング著　横山博監訳
みすず書房　2016年

ユングに関する夢のレクチャーを集めたもの。先の本よりも一般向けになされたものなので読みやすいかもしれない。

■『魂の言葉としての夢』H・ディークマン著　野村美紀子訳　紀伊國屋書店　1988年

ユング派の分析家による夢の入門書。ユング派の夢分析への基本的な入門書として読むことができます。

■『夢の治癒力』C・A・マイヤー著　秋山さと子訳
筑摩書房　1986年

ユング派の大物による本だが、内容は古代ギリシアにおける、夢の治癒神アスクレピオス神殿で行われていた夢治療を中心に夢のもつ治癒力を現代的な視点から検討してゆくもの。

■Beth Koch "Astrology of Dreams" AFA 1990

第3章で紹介した本の他に夢と占星術についての本と言われればこれを上げる。

トランジットの天体と夢の内容がシンクロしているという前提で議論が展開される。本の後半では、簡単な夢のシンボル辞典が追加されており、占星術との対応関係も示される。例えば「俳優」は、社会の中での役割としては土星を、現実逃避を意味する場合は海王星と対応する、などという。

■『日本文化研究』第7号「特集　日本文化における夢」
駒沢女子大学 日本文化研究所　2007年

索引

著者紹介

鏡リュウジ（かがみ・りゅうじ）

翻訳家、心理占星術研究家。1968年京都府生まれ。国際基督教大学大学院修了。英国占星術協会会員。著書に『鏡リュウジの占い大事典』（説話社）、訳書に『ユングと占星術』（青土社）など多数。

鏡リュウジの占い入門5

鏡《かがみ》リュウジの夢占《ゆめうらな》い

発行日　2016年12月17日　初版発行

著　者　鏡リュウジ
発行者　酒井文人
発行所　株式会社説話社
〒169-8077 東京都新宿区西早稲田1-1-6
電話／03-3204-8288（販売）03-3204-5185（編集）
振替口座／00160-8-69378
URL http://www.setsuwasha.com/

デザイン　染谷千秋
印刷・製本　株式会社平河工業社

ISBN 978-4-906828-29-6　C 2011